BuddhAll

BuddhAll.

All is Buddha.

BuddhAll

印度鳳眼菩提子念珠

星月菩提子念珠

木槵子念珠是佛教最早的念珠

金剛子念珠常做為金剛部修法用念珠

經典中記載以蓮子念珠持念能得福萬倍

沈木手珠及念珠具有安神及僻邪的功效

沈木為香木念珠中的極品

黃楊木雕刻之十八羅漢念珠

檀木念珠是極為常見的香木念珠

內含金絲的鈦晶念珠

白水晶念珠常做為
密教息災法用念珠

各式水晶念珠

硨磲念珠具有安神去邪的效用

珊瑚念珠常做為密法中懷愛法修法之用

琥珀手珠

琥珀念珠金黃的色澤也常於修增財法中使用

黑曜岩念珠

紅琉璃念珠

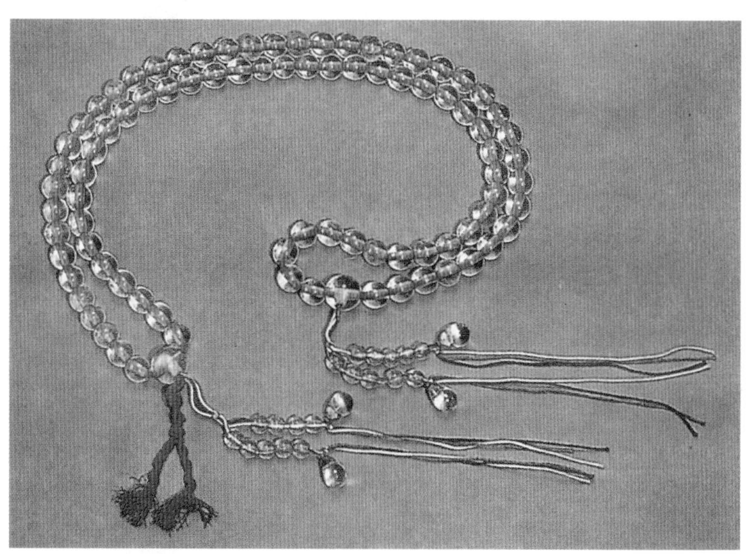

水晶念珠(日本平安平安時代 教王護國寺)

佛教小百科37

# 佛教的念珠

念珠是佛教重要的法器之一，本書完整介紹佛教念珠整體風貌，除了闡明念珠的意義之外，更蒐羅經典中所記載念珠在持誦修法時的使用方法，以及菩提子、金剛子、沉木、檀木、水晶等各種不同的材質的特色及持誦功德，讓您深入持誦念珠的功德大海！

# 目錄

# 出版緣起

佛法的深妙智慧，是人類生命中最閃亮的明燈，不只在我們困頓、苦難時，能撫慰我們的傷痛；更在我們幽暗、徘徊不決時，導引我們走向幸福、光明與喜樂。

佛法不只帶給我們心靈中最深層的安定穩實，更增長我們無盡的智慧，來覺悟生命的實相，達到究竟圓滿的正覺解脫。而在緊張忙碌、壓力漸大的現代世界中，讓我們的心靈，更加地寬柔、敦厚而有力，讓我們具有著無比溫柔的悲憫。

在進入二十一世紀的前夕，我們需要讓身心具有更雄渾廣大的力量，來接受未來的衝擊，並體受更多彩的人生。而面對如此快速遷化而多元無常的世間，我們也必須擁有十倍速乃至百倍速的決斷力及智慧，才能洞察實相。

同時在人際關係與界面的虛擬化與電子化過程當中，我們也必須擁有更廣大的心靈空間，來使我們的生命不被物質化、虛擬化、電子化。因此，在大步邁向新世紀之時，如何讓自己的心靈具有強大的覺性、自在寬坦，並擁有更深廣的慈悲能力，將是人類重要的課題。

生命是如此珍貴而難得，由於我們的存在，所以能夠具足喜樂、幸福，因自覺解脫而能離苦得樂，更能如同佛陀一般，擁有無上的智慧與慈悲。這菩提種子的苗芽，是生命走向圓滿的原力，在邁入二十一世紀時，我們必須更加的充實。

因此，如何增長大眾無上菩提的原力，是〈全佛〉出版佛書的根本思惟。所以，我們一直擘畫最切合大眾及時代因緣的出版品，期盼讓所有人得到真正的菩提利益，以完成〈全佛〉（一切眾生圓滿成佛）的究竟心願。

《佛教小百科》就是在這樣的心願中，所規劃提出的一套叢書，我們希望透過這一套書，能讓大眾正確的理解佛法、歡喜佛法、修行佛法、圓滿佛法，讓所有的人透過正確的觀察體悟，使生命更加的光明幸福，並圓滿無上的菩提。

因此，《佛教小百科》是想要完成介紹佛法全貌的拚圖，透過系統性的分門別類，把一般人最有興趣、最重要的佛法課題，完整的編纂出來。我們希望讓《佛教小百科》成為人手一冊的隨身參考書，正確而完整的描繪出佛法智慧的全相，並提煉出無上菩提的願景。

佛法的名相眾多，而意義又深微奧密。因此，佛法雖然擁有無盡的智慧寶藏，對人生深具啓發與妙用，但許多人往往困於佛教的名相與博大的系統，而難以受用其中的珍寶。

其實，所有對佛教有興趣的人，都時常碰到上述的這些問題，而我們在學佛的過程中，也不例外。因此，我們希望《佛教小百科》，不僅能幫助大眾了解佛法的名詞及要義，並且能夠隨讀隨用。

《佛教小百科》這一系列的書籍，期望能讓大眾輕鬆自在並有系統的掌握佛教的知識及要義。透過《佛教小百科》，我們如同掌握到進入佛法門徑鑰匙，得以一窺佛法廣大的深奧。

《佛教小百科》系列將導引大家，去了解佛菩薩的世界，探索佛菩薩的外相、內義，佛教曼荼羅的奧祕，佛菩薩的真言、手印、持物，佛教的法具、宇宙觀……等等，這一切與佛教相關的命題，都是我們依次編纂的主題。透過每一個主題，我們將宛如打開一個個窗口一般，可以探索佛教的真相及妙義。

而這些重要、有趣的主題，將依次清楚、正確的編纂而出，讓大家能輕鬆的了解其意義。

在佛菩薩的智慧導引下，全佛編輯部將全心全力的編纂這一套《佛教小百科》系列叢書，讓這套叢書能成為大家身邊最有效的佛教實用參考手冊，幫助大家深入佛法的深層智慧，歡喜活用生命的寶藏。

# 佛教的念珠——序

手持念珠精進修持的形像，幾乎已經成為佛教徒的代表性標幟。念珠是佛教重要的法器之一，其以線貫串一定數量的珠子，用來計算稱念名號、持咒數目，又稱為數珠、咒珠或誦珠。

由於印度人自古就有以瓔珞鬘條纏身的風俗，後來漸漸演變成念珠的使用。而佛教的念珠早期在經典中的記載，則見於《佛說木槵子經》。當時波流離王請問佛陀在國事繁忙之時，有何種隨時可用的修持方便？

於是佛陀告之以木槵子貫穿一〇八顆，經常隨身攜帶，志心稱念佛、法、僧，持念一次，就撥動一個木槵子。如此修持，不但可以獲得昇天的果報，甚至能滅除一〇八種煩惱，永遠斷除煩惱根本，證得無上佛果。

以念珠念佛持咒，除了上述的功德之外，還有許多記載，例如在《密咒圓因往生集》中，就說念珠安於頂髻可以清淨無間重罪，安於頸上可以清淨四種重罪，戴在手臂上可除一切罪惡，在《數珠功德經》中甚至說，只要手持念珠，即使沒有持誦、修持，也能獲福無量，可見以念珠修持的功德，確實不可思議！

而念珠修持的內容，一般以念珠最為普遍。原本以念珠持念佛名，並沒有特別指定是那一尊佛，但是到了後期，大多以持誦阿彌陀佛為主。

在密教的系統中，念珠的表徵意義更可說是發揮到極點，依其修持法不同，而各有其專用的念珠，在念珠材料的選擇上，則依其體性、顏色、形狀與修法的相應與否來抉擇。例如，以息、增、懷、誅四法而言，則分別配以白（如：硨磲）、黃（如：琥珀）、紅（如：珊瑚）、黑（如：黑曜岩）等四種顏色的念珠，這些內容在本書中皆有深入介紹，及一目了然的整理圖表。

在念珠的材質上，種類非常豐富，大致上可分為種子果實類、香木類、寶石玉石類及其他類念珠等，經典中並說，以不同的念珠持誦，有種種不同的功德。

除了以上的內容之外，本書並介紹以念珠為持物的本尊，及念珠的相關經典，完整的介紹佛教念珠的整體風貌，祈願讀者皆能深入佛教念珠的功德大海！

# 第一章 念珠的意義

念珠，是佛教重要的法器之一，是用線貫串一定數量的珠子，用來計算稱念佛陀名號、持咒數的法具，又稱數珠、咒珠或誦珠。

念珠的梵文原語有四種名稱：(1) Pāsaka-mālā，音譯況塞莫，意譯為數珠。(2) akṣa-mālā，意譯阿叉摩羅，是珠鬘的意思。(3) japa-mālā，是「念誦鬘」的意思。(4) akṣa-sūtra，意譯是珠的貫線。

由於印度人自古以來就有瓔珞鬘條纏身的風俗習慣，由此遂漸演變成念珠的使用。例如，古代印度的毘溼奴派，極早就有持帶念珠的習慣。

近代自印度西北地方所發掘的「龍王歸佛」雕像中，有一尊頭戴念珠的婆羅門像，此尊雕像被推定為二世紀左右之作品，由此可推知當時念珠的使用已風行於婆羅門之間。

在印度的婆羅門經典《烏嚧陀囉佉叉占巴拉奧義書》中，據說傳編於四世紀頃，記載烏嚧陀囉佉叉（梵 Rudrākṣa），也就是金剛子念珠及其功德；另外在《惡剎摩利加奧義書》中也詳細記述念珠的製法、功德、材料，並以念珠的一一之珠配上悉曇（梵字）五十字門及其深祕之義。

由此可知，早在佛教出現之前，就已經有念珠的使用。

## 佛教最早的念珠

宣說因緣：波流離王問法
材質：木槵子
顆數：一〇八顆
稱念內容：念佛、念法、念僧

在中國，使用念珠來稱名記數，則開始於隋唐之際。現今北傳佛典中有關念珠的記載雖然很多，但大多為後期的經典，而律部經典中卻沒有任何記載，以律典為所依據的南傳佛教徒也未曾流行念珠。

然而演變至今，佛陀所制的律儀雖然沒有此類記載，念珠卻已經成為中國、西藏、蒙古、日本、韓國等地，僧俗所隨身攜行的重要法具，甚至成為佛教徒的代表性標幟。

而在《牟梨曼陀羅尼經》中記載：「梵語槵塞莫，梁云數珠。是引接普遍根機，牽課修業之具也。」這段經文中，解說念珠的梵語稱為「槵塞莫」，漢語譯為數珠，是接引普遍根機的大眾修道的器具。

佛教使用念珠的由來，在《木槵子經》中記載著這樣一段典故。

以前有一個國王名叫波流離，統治一個小國家，國境中盜寇頻仍，疫疾流行，因此穀價昂貴，民生貧困，波流離王因此日夜憂心不安。雖然自己有心想修學佛法，但是每天國事繁忙，並沒有多餘的時間可以修行，再加上佛法法藏廣大，不知應該如何修學，於是國王特地派遣使者，祈請佛陀教授他一個日常隨時可以修持的法要。

佛陀因此教授他以念珠修持的方法。佛陀告訴他：「如果要消除煩惱，應當以線貫穿木槵子一百零八顆，經常隨身攜帶著，志心稱念南無佛陀、南無達磨（法）、南無僧伽，持念一次之後，就撥一個木槵子。如此持念，漸次乃至千萬遍，能滿二十萬遍，使身心不散亂，去除一切諂曲，如此捨生之後，即得投生於炎摩天。如果持誦滿百萬遍，就能去除一百零八種結使煩惱，獲得常樂果報。」

佛陀教導國事繁忙的波流離王以持念珠，修行念佛、念法、念僧的法門，不但隨時隨地得空就能修持，而且以念珠來持誦，更能迅速攝持身心，能幫助行者精進修持。

由此經文中，我們可以知道持念珠修持的功德廣大不可思議，如果我們要滅除障礙菩提聖道的貪、瞋、痴等煩惱，及因為煩惱障、業障所招感生於地獄、餓鬼、畜牲等諸趣或生於不得聞法修行之地的果報，應以木槵子串成念珠，時常隨身攜帶，然後以此念珠至心念佛、法、僧之名，如果能滿二十萬遍，身心不亂，命終後就能往生夜摩天享受種種歡樂。

如果能持念珠至心稱念：南無佛、法、僧，滿一百萬遍，就能斷除一百零八種煩惱，背離生死輪迴之流，趣向涅槃，永遠斷除煩惱根本，獲得無上的佛果。

# 以念珠修持的功德

以念珠修持，有什麼特別不可思議的殊勝功德呢？

在《密咒圓因往生集》卷一中說，念珠無論是安於頂髻、掛在身上，安於頸上或戴於手臂上，以此念珠來念誦，都有不可思議的功德：「二手持珠當心上，靜慮離念心專注，本尊瑜伽心一境，皆得成就理事法。

設安頂髻及掛身，或安頸上及安臂，所說言論成念誦，以此念誦淨三業。由安頂髻淨無間，由帶頸上淨四重，手持臂上除眾罪，能令行者速清淨，若修眞言陀羅尼，念諸如來菩薩名，當獲無量勝功德，所求勝願皆成就。」

經中說，如果將念珠安於頂髻，可清淨五種無間地獄的惡業，置於頸上可清淨四種重罪，以手持或戴於手臂上，可去除眾罪，使行者迅速清淨一切罪障。如果以此來修持念誦一切如來、菩薩名號，則能獲無量殊勝功德，所祈求之殊勝心願悉皆成就。

此外，在《陀羅尼集經》〈第二作數珠法相品〉中說：「行者若持諸寶數珠，誦經、持咒、念佛；當能滿足十種波羅密之功德，現身即得阿耨多羅三藐三菩提果。」

## 以念珠修持的功德

| 功德內容 | 經典出處 |
|---|---|
| ・能滿足十種波羅蜜功德<br>・現身即得無上佛果 | 《陀羅尼集經》 |
| ・生於天上<br>・去除一〇八種煩惱障礙 | 《佛說木槵子經》 |
| ・手持念珠即能獲福無量 | 《數珠功德經》 |
| ・將念珠安頂上可清淨無間業<br>・將念珠帶頸上可清淨四重罪<br>・手持念珠或戴臂上能除眾罪<br>・以念珠持念真言、稱念如來菩薩名，獲無量功德，所求勝願皆成就 | 《密咒圓因往生集》 |
| ・以木槵子念珠持誦可往生淨土 | 《校量數珠功德經》 |

這十種波羅蜜，菩薩於念念中，皆得具足，如果行者能手持各種珍寶數珠，誦經、持咒、念佛，就能具足這十種波羅蜜功德。

在《數珠功德經》中甚至說，只需手持念珠，即使沒有念誦，都能獲福無量：「若有人手持數珠，雖不念誦佛名及陀羅尼者，此人亦獲福無量。」

此外，念珠依製作材質不同，可相應不同的修法，增加修法的功德。如：在密教行法之中，依三部五部的差別，所用數珠的質地也有所不同。《蘇悉地羯囉經》說佛部用菩提子，觀音部用蓮花子，金剛部用嚕梛羅叉子之數珠；《守護經》及《瑜伽念珠經》說佛部用菩提子、金剛部用金剛子，寶部用金等諸寶，蓮華部用蓮華子，羯磨部用種種和合之數珠。

在《佛說校量數珠功德經》中也提到，用鐵製的數珠來誦念，可得福五倍；用木槵子製成的數珠來念誦，可得福千倍，甚至可往生諸佛淨土；用水精（水晶）為數珠，則可得福萬萬倍，等等不同質地的念珠，有不同的念誦功德。

## 持寶數珠修持能滿足十種波羅蜜功德

十波羅蜜（梵daśa-pāramitā）是指菩薩到達大涅槃所必備的十種勝利。又譯作十度、十到彼岸，或稱十勝行。依八十卷《華嚴經》卷三十七〈十地品〉記載，此十波羅蜜為：

(1)檀那（布施）波羅蜜：指為求佛智菩提，將所有善根佈施與眾生。

(2)尸羅（持戒）波羅蜜：指能受持清淨戒律。

(3)羼提（忍辱）波羅蜜：指以慈悲為首，安忍不害一切生命。

(4)毗梨耶（精進）波羅蜜：指求勝善之法，無有厭足的精進力。

(5)禪那（靜慮）波羅蜜：指一切智道常現在前，未曾散亂。

(6)般若（智慧）波羅蜜：指能安忍於諸法實相的智慧。

(7)方便波羅蜜：指能生無量智慧。

(8)願波羅蜜：指能求上上勝智的誓願。

(9)力波羅蜜：指一切異論及諸魔眾皆不能沮壞的大勢力。

(10)智波羅蜜：指如實了知一切諸法的智慧。

## 念珠數目所象徵的意義

在許多經典中，都記載著以念珠持誦的不可思議功德，而數珠的標準顆數是幾顆呢？其實數珠的顆數並不一定，例如，在《木槵子經》說一○八顆；《陀羅尼集經》則列出一○八、五十四、四十二及二十一顆等四種；《數珠功德經》說一○八、五十四、二十七、十四顆等四種。

《金剛頂瑜伽念誦經》說上品一○八○顆，最勝一○八顆，中品五十四顆，下品二十七顆；《文殊儀軌經》〈數珠儀則品〉說上品一○八顆，中品五十四顆，下品二十七顆，最上品一○八○顆。

我們可以發現，數珠顆數的變化，是從一○八減半為五十四，五十四減半為二十七，二十七減半為十四，又一○八之十倍為一○八○。

### ◉一○八顆念珠的意義

如此我們可以得知數珠的顆數，應該是以一○八顆為基本數。不過《陀羅尼

## 念珠的顆數與象徵意義

| 顆數 | 象徵意義 | 經典出處 |
| --- | --- | --- |
| 一〇八〇顆 | ・百八三昧各具百八三昧<br>・金剛界一〇八尊各具一〇八尊 | 《金剛頂瑜伽念誦經》<br>《文殊儀軌經》 |
| 一〇八顆 | ・成就百八三昧<br>・滅除百八種煩惱 | 《木槵子經》<br>《陀羅尼經》 |
| 五十四顆 | ・大乘菩薩發心到成佛之間的五十四種階位：十信、十住、十行、十迴向、十地、四善根因地 | 《陀羅尼經》<br>《數珠功德經》<br>《金剛頂瑜伽念誦經》 |
| 四十二顆 | ・大乘菩薩修行過程中的四十二種階位十住、十行、十迴向、十地、等覺、妙覺 | 《陀羅尼經》 |
| 二十七顆 | ・聲聞聖者修行四向四果之二十七賢位 | 《數珠功德經》<br>《金剛頂瑜伽念誦經》<br>《文殊儀軌經》 |
| 二十一顆 | ・十地、十波羅蜜及佛果等二十一位 | 《陀羅尼經》 |
| 十四顆 | ・觀音十四無畏，十四等、十四忍 | 《數珠功德經》 |

集經》所說的四十二顆及其減半的二十一顆，也有各種說法。後世認為念珠的顆數，皆各自有象徵意義，例如一〇八顆表示證入百八三昧，斷除百八種煩惱等等。

什麼是百八三昧呢？百八三昧就是指一〇八種三昧，在《大品般若經》〈摩訶衍品〉中就記載著此百八種三昧，從第一種首楞嚴三昧到第一〇八種離著虛空不染三昧。

在《法界次第初門》中則說：如果菩薩以空的智慧觀照各種禪定，修持種種法門而無染無著，則能出生諸菩薩百八三昧。

此外，這百八三昧也象徵著破除眾生百八種煩惱。

除了一〇八顆之外，還有一〇八〇顆、五十四顆等。

## ⊙一〇八〇顆念珠的意義

一〇八〇顆，表示百八三昧各具百八三昧；或是金剛界一〇八尊中各具一〇八尊之義。

## ⊙五十四顆念珠的意義

五十四顆，則代表示十信、十住、十行、十迴向、十地及四善根因地等五十四位。其中十信，全稱十信心，是大乘菩薩從發心修行到成就佛果之間的五十二個修行階位名稱之一，是菩薩五十二位修行位次中的前十位，為信順佛陀之教法而不疑的位次。

### 十信

十信的名稱、順序，諸經中所說的略有不同，如《菩薩瓔珞本業經》卷上〈賢聖名字品〉說此十心是信心、念心、精進心、慧心、定心、不退心、迴向心、護法心、戒心、願心。《仁王經》卷上〈菩薩教化品〉則說是信心、精進心、念心、慧心、定心、施心、戒心、護心、願心、迴向心。

以下約十信的分別意義：

⑴信心：指妙信常住，一切妄想滅盡無餘，中道純真。

(2)念心：指無數劫中，捨身受身皆能憶念，得無遺忘。

(3)精進心：指唯以精明，進趣真淨。

(4)慧心：指心精現前，純以智慧。

(5)定心：指周遍寂湛，寂妙常凝。

(6)不退心：指定光發明，明性深入，唯進無退。

(7)護法心：指心進安然，保持不失，十方如來，氣分交接。

(8)迴向心：指覺明保持，能以妙力回佛慈光，向佛安住。

(9)戒心：指心光密迴，獲佛常凝，無上妙淨，安住無為，得無遺失。

(10)願心：指住戒自在，能遊十方，所去隨願。

## 十住

十住，又稱十地住、十法住或十解，為大乘菩薩的修行五十二階位中，第十一位至第二十位的名稱。

十住是指菩薩以心安住於真諦之理，所以名為「住」。在八十《華嚴經》卷十六所記載，此十住的名稱為發心住、治地住、修行住、生貴住、具足方便住、正心住、不退住、童真住、法王子住、灌頂住。

又稱十地位、十法住、十解。菩薩修行之過程分為五十二階位，其中第十一至第二十階位，屬於「住位」，稱為十住，即：

㈠初發心住：指上進分善根之人以真方便發起十信之心，信奉三寶，常住八萬四千般若波羅蜜，受習一切行、一切法門，常起信心，不作邪見等惡行，始入空界，住於空性之位；並以空理智心習古佛之法，於心生出一切功德。

㈡治地住，是指常隨空心、清淨八萬四千法門，其心明淨，猶如琉璃內現精金；這是以初發之妙心，履治為地，所以稱為治地住。

㈢修行住：是指前之發心、治地二住之智俱已明了，所以遊履十方而無障礙。

㈣生貴住：是指前之妙行、冥契妙理，將來出生於佛家為法王子；也就是諸與佛同，受佛之氣分，入如來種。

㈤方便具足住：是指無量之善根，自利利他，方便具足，相貌無缺。

㈥正心住：是指成就第六般若，不僅相貌與佛相同，且心也與佛同。

㈦不退住：這是指某人入於無生畢竟空界，心常行空無相願，身心和合，日日增長。

㈧童真住：這是指自發心起，始終不退，不超邪魔破菩提之心。

㈨法王子住：這是指自初發心住至第四之生貴住，稱為入聖胎；自第五之方便具足住至第八之童真住，稱為長養聖胎；而此法王子住則相形具足，於焉出胎；猶如從佛王之教中生解，乃紹隆佛位。

㈩灌頂注：是指菩薩既為佛子、堪行佛事，所以佛以智水為之灌頂；猶如剎帝利王子之受權權頂。已至灌頂住之菩薩具有二種別相：

⑴度眾生，是指堪能修行，成就十種智，而能度眾生。

⑵得甚深所入之境界，一切眾生乃至第九法王子住之菩薩也不能測量其境界。

⑶廣學十種智，了知一切法。

## 十行

十行則與十住、十迴向，合稱為三賢位。居菩薩五十二修行位次的第二十一位到第三十位。十行是指歡喜行、饒益行、無瞋恨行、無盡行、離癡亂行、善現行、無著行、尊重行、善法行、真實行。

以下分別說明十行的意義：

⑴歡喜行：是指作大施主，能捨一切，三時無悔，令他者歡樂愛敬。

⑵饒益行：是指持淨戒降伏眾魔，使一切眾生立無上戒，得不退地，饒益眾生。

⑶無瞋恨行：是指修忍辱離瞋，謙卑恭敬，不害自他，對怨能忍。

⑷無盡行：是指多劫受諸劇苦，仍勤修精進，求法濟生，廣攝善法。

⑸離癡亂行：又名無癡亂行，是指常住正念不散亂，於一切法無癡亂。

⑹善現行：是指了知一切法無所有，三業寂滅，無縛無著，而也不捨教化一切眾生。

(7)無著行：是指歷諸塵剎供佛求法，心無厭足，而且以寂滅觀諸法，所以對一切無所著。

(8)尊重行：又名難得行，是指尊重善根智慧等法，悉皆成就，由此更增修二利之行。

(9)善法行：是指得四無礙陀羅尼等法，成就種種化他善法，以守護正法，令佛種不絕。

(10)真實行：是指成就第一義諦之語，如說能行，如行能說，語言和行為相應，色心皆順。

## 十迴向

十迴向，又稱作十迴向心，十向，居菩薩修行階位中的第三十一位至第四十位。迴是迴轉，向是趣向；所謂迴向，就是生起大悲心來救度眾生，並迴轉十行之善，向於三處，即：真如實際是所證、無上菩提是所求、一切眾生是所度；以能迴之心及所迴善行，向彼萬類，圓滿梵行，等入法界。

以下約十行的分別意義分別說明：

⑴救護一切眾生離眾生相迴向：是指菩薩行六度四攝等行，救護一切眾生，怨親平等。

⑵不壞迴向：是指於佛、法、僧三寶得不壞信心，迴向此善根，令眾生獲得善利。

⑶等一切佛迴向：是指學習三世佛陀，以不著生死、不離菩提修習迴向之位。

⑷至一切處迴向：是指由迴向力以所修善根，供養一切三寶、利益一切眾生。

⑸無盡功德藏迴向：隨喜一切無盡善根，迴向此等功德，莊嚴諸佛剎，以得無盡善根。

⑹隨順平等善根迴向：迴向所修施等善根，為佛所守護，能成就一切堅固善根。

⑺隨順等觀一切眾生迴向：是指增長一切善根，迴向利益一切眾生。

⑻如相迴向：是指隨順真如相而迴向所成種種善根。

⑼無縛無著解脫迴向：是指於一切法無所取執縛著，行普賢行，以無縛著解脫之心迴向所習諸善，饒益群生。

⑽法界無量迴向：指修習一切無盡善根，以此迴向，願求法界差別無量功德。

## 四善根

十信、十住、十行、十迴向、十地，現在再加上以下所介紹的四善根，就等於五十四位，也就是五十四顆珠數所代表的意義。四善根位，又稱四善根、四加行位。乃修行階位的名稱，分別為煖法、頂法、忍法、世第一法四者。由於「善」是指見道的無漏智，而此四者乃發無漏智的根本，所以稱之為四「善根」。南傳佛教認為，在見道以前，觀四諦及修十六行相時，有此四種善根位。

以下約十行的分別意義分別說明：

⑴煖法：又稱煖位，指能具觀察四聖諦之境，及能具修十六行相之位。由於

煖係如火之前相，而此位的善根如火能焚燒煩惱薪，可比之為無漏聖道火的前相，所以稱為煖法。

(2)頂法：又稱頂位，是指前所說的煖善根漸次增長，到成就圓滿時所生的善根。此善根在動搖不安定的諸善根中最為殊勝，所以稱為頂法。此法與前述煖法其善根可動，進則起入忍法、世第一法（此二法其善根不動，無退墮），退則雖造惡業煩惱，墮惡趣，然最終必能得聖道而入涅槃。

(3)忍法：又稱忍位，即頂法成滿時所生的善根。由於此善根在忍可四諦理中最勝，又居此位能忍而不退墮惡趣，所以稱之為忍法。此忍法可分為上、中、下三品。

(4)世第一法：又稱世第一位，指生於上忍位的無間善根，如忍法的上品，緣於欲界的苦諦而修一行相，唯一剎那。此善根在有漏世間屬最勝，所以稱為世第一法。從此位無間入見道，生無漏聖。

## ◎四十二顆念珠的意義

四十二顆念珠代表菩薩修行過程的四十二種階位，即十住、十行、十迴向、十地，再加上「等覺」及「妙覺」，這二個菩薩階位的最高位。

而有關十住、十行、十迴向、十地的意義，在前面已有介紹，在此則解釋「等覺」與「妙覺」的意涵。

等覺是菩薩修行階位五十二位中之第五十一位，指在內容上與佛相等，而實際上修行比佛略遜一籌者，稱為等覺。等覺又稱「等正覺」，意思為與正覺相等之覺，也稱為「一生補處」，意思是次一生即將成佛，又稱「金剛心」，意思是如金剛堅固之心，能摧破煩惱。

妙覺為大乘菩薩修行五十二階位之一，四十二位之一。指覺行圓滿之究竟佛果，所以也是佛果之別稱，又稱為妙覺地。於此位能斷盡一切煩惱、智慧圓妙，覺悟涅槃之理。

## ⊙二十七顆念珠的意義

二十七顆是象徵聲聞聖者修行四向四果的二十七賢位，二十七賢聖：指四向四果之二十七種聖者，也就是前四向三果的十八種有學，與後阿羅漢果之九種無學，合稱二十七賢聖。

在《成實論》中說：十八有學為隨信行、隨法行、無相行、預流果、一來向、一來果、不還向、中般、生般、有行般、無行般、樂慧、樂定、轉世、現般、信解、見得、身證，九無學為：退法相、守護相、死相、住相、可進相、不壞相、慧解脫相、俱解脫相、不退相。

而《中阿含》〈福田經〉所說則是說十八有學指：信行、法行、信解、見到、身證、家家、一種、向須陀洹、得須陀洹、向斯陀含、得斯陀含、向阿那含、得阿那含、中般涅槃、生般涅槃、行般涅槃、無行般涅槃、上流色究竟，而九無學則是指思法、昇進法、不動法、退法、不退法、護法、實住法、慧解脫、俱解脫。

## 四向四果

四向四果是指小乘佛教聲聞修道的階位。又稱四向四得、四雙八輩，或稱八補特迦羅（aṭṭha puggalā dakkhiṇeyya）、八賢聖、八聖、八輩。也就是：須陀洹向（預流向）、須陀洹果（預流果）、斯陀含向（一來向）、斯陀含果（一來果）、阿那含向（不還向）、阿那含果（不還果）、阿羅漢向、阿羅漢果。第一須陀洹向是最初階位，阿羅漢果則是最高的悟境，證得阿羅漢果的人稱為無學，其他七位是有學。

有學之中，最初的須陀洹向稱為見道位，其他六者是修道位。所謂見道是指已經斷除見惑的階位。所謂修道就是斷除思惑或修惑的階位。斷除這兩方的一切迷惑煩惱之後，就是阿羅漢果的階位，這也是聲聞的最高悟境。

## 有學

有學（梵語śaikṣa，巴利語sekha），又稱學人。是指為斷盡一切煩惱，而修學無漏的戒、定、慧，及寂滅之理者。這是指佛弟子雖然能知見佛法，但是尚有煩惱未斷，必須有待修行學習戒、定、慧等法，以斷盡煩惱，證得漏盡。

由於其尚有法可修學，所以稱為有學。在小乘的四向四果中，前四向三果的聖者為有學，只有證得阿羅漢果之聖者，以其無法可修學，所以稱為無學。

有學共有十八類，稱為十八有學或十八學人。

## 無學

無學（禁語aśaikṣa），為「有學」之對稱。相對於有學，無學是指已達開悟解脫，無迷惑可斷，亦無可學者。聲聞乘四果中之前三果為有學，第四阿羅漢果為無學。

在無學位中又有所謂九無學，與十八有學全稱為二十七賢位。

## ⊙十四顆念珠的意義

十四顆念珠的意義代表觀音的十四無畏，除此之外，此數目字也可象徵《華嚴經》中善財童子於普賢菩薩處得到十四種平等（十四等）而入於法界，以及《仁王護國經》中說所的十四忍。

### 觀音十四無畏

根據楞嚴經卷六載，觀世音菩薩以金剛三昧無作妙力，與諸十方、三世、六道等一切眾生同一悲仰，令諸眾生獲得十四種無畏功德，即：

(1)返照自性，則一切真寂，無復有苦惱，所以能使受苦眾生蒙此真觀，即得解脫，是為第一無畏。

(2)指菩薩能旋轉知見，並以其體悟真空，能使眾生，若入於火難，火不能燒，是為第二無畏。

(3)指菩薩能旋轉觀聽，並以其體悟真空，能使眾生，若為大水所漂，水不能溺，是為第三無畏。

(4)斷滅妄想心無殺害，是指菩薩證悟自性，斷滅妄想，發大慈心，無殺害念，能使眾生入於羅剎鬼國時，鬼自滅息惡心，是為第四無畏。

(5)菩薩六根既皆消滅，安住於真實空性，一切六塵外境，同於音聲所聽，能使眾生臨當被害者，雖被刀刃所加，刀刃自然段段折壞，此為第五無畏。

(6)眾生雖然被藥叉來近其側，然而菩薩的光明能使藥叉之目受明奪，自不能視，此為第六無畏。

(7)菩薩因為其動靜之性俱滅，則其觀聽能返妄入於真諦，聲塵解脫，所以能使眾生禁繫等事不能著身，此為第七無畏。

(8)菩薩能以大力令眾生得樂，是以眾生經於險路如行坦途，或遇惡寇，自不能劫，此為第八無畏。

(9)菩薩離諸塵勞妄想，所以不被色塵所劫持，能使一切生性多婬之人不會生起貪欲，此為第九無畏。

(10)菩薩能使懷忿恨之人不生起瞋恚，此為第十無畏。

⑾菩薩能使一切昏鈍無善心之人遠離愚癡昏暗，此為第十一無畏。

⑿菩薩能無畏施諸無子眾生，欲求男者，令得生男，是為第十二無畏。

⒀菩薩無畏施諸無子眾生，欲求女者，即得生女，是為第十三無畏。

⒁菩薩得真圓通，能使求福眾生，但持其之名號，與彼俱持無數菩薩名號之人，較量所得福德，等同而無異，是為無畏，是為第十四無畏。

## 十四等

十四等是指十四種平等，《華嚴經》卷八十所記載，善財童子於普賢菩薩處得十四等而入法界。十四等為：

⑴普賢之圓因等，⑵諸佛之果滿等，⑶剎等，⑷行等，⑸正覺等，⑹神通等，⑺法輪等，⑻辯才等，⑼言辭等，⑽音聲等，⑾力無畏等，⑿佛所住等，⒀大慈悲等，⒁不可思議之解脫自在等。

## 十四忍

十四忍是指《仁王護國般若波羅蜜多經》所記載的三賢十聖的十三忍，另加正覺忍，則為十四忍。即：住、行、迴向、歡喜、離垢、發光、焰慧、難勝、現前、遠行、不動、善慧、法雲、正覺忍。

## ⦿其他顆數數目的意義

另外，二十一顆則象徵十波羅蜜、十地及佛果等二十一位。

除此之外，也有三十六顆與十八顆，一般認為與一〇八顆意義相同，只是為了便於攜帶，而將一〇八顆分為三十六顆或十八顆。

念珠的顆數，分別象徵著修行上的不同階段，使行者在持念之時，也能同時攝入了這種種修行階段的無量功德！

# 念珠的構造

在一串念珠中，有時我們會看見念珠中有較大顆的母珠，及較小顆的隔珠，這是為了方便修行者精進修持，方便計數，而在念珠上加上各種方便計數的工具。例如，在《陀羅尼集經》〈作數珠法相品〉中就說，一百零八顆的念珠串穿好之後，再加一個金珠作為母珠。

以日本的念珠為例，顆數多為一百零八顆，上有金、銀兩顆母珠，兩母珠所附的「各房」，各有十個小珠子，大都為銀珠所成，稱為「記子」，其作用是每數一百零八顆為一回則記一記子，這個記子又稱為「弟子珠」，十顆記子象徵十波羅蜜。一般而言，一個母珠有二十顆記子，兩母珠合有四十顆，所多出的二十顆依金剛沙汰中所說：此二子弟子珠為後人所加的。

記子的末端所附的珠子稱為「記子留」、俗稱「露」，因為其質料大多以水晶製成，其形狀似露珠，所以稱之為露。也有別設「鐶」，貫串數珠，附在記子上。這是近代所製的數珠，非依古製而成，有者，或是有用四顆小珠，安置於兩

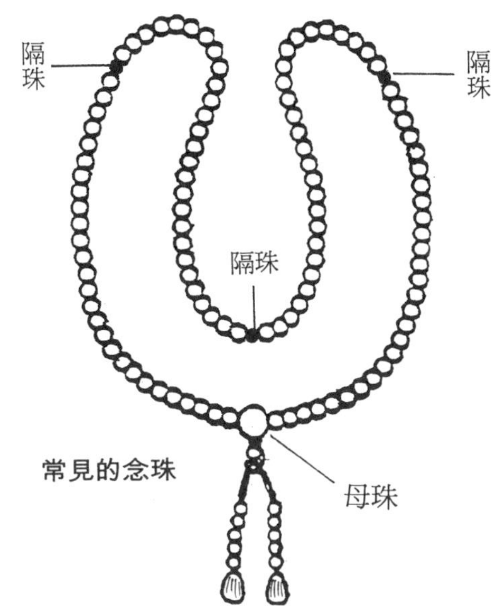


常見的念珠

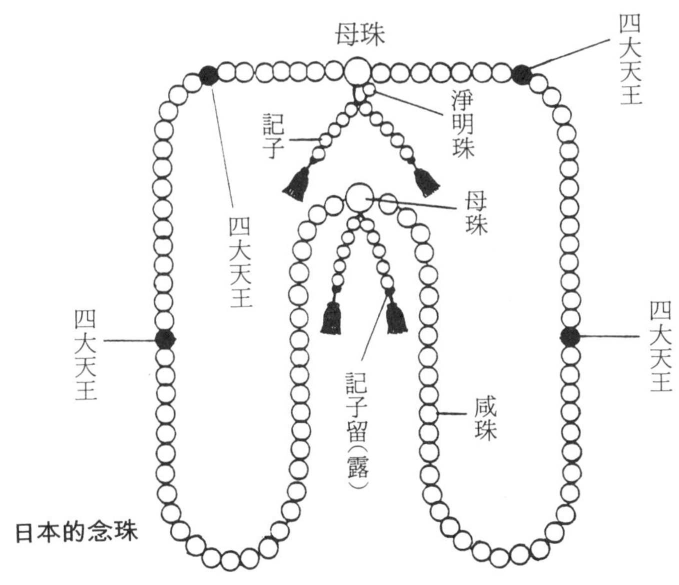


日本的念珠

念珠的構造

母珠各間隔的五十四珠之間，達摩珠置於第七顆及第二十一顆之下。四顆小珠象徵四大天王，或是稱為「數取」，這是方便行者在持誦真言時，七遍或二十一遍之數，便於記知。

又記子的上端特別附有一個透明的小珠，大多用水晶製成，這個珠子稱為「助明」又叫「淨明」，或叫「維摩」，又稱「補處菩薩」，如果是記子的補闕所設的，則稱為補處。淨明則是助明的轉音，維摩則是淨明之音所轉成的。

日本淨土宗所用的日課數珠稱之為「環貫數珠」，是用兩連數珠，這種用法出於奉源空之教化的阿波介所傳。兩連數珠中，一連是念佛數的珠，另一連則計其回數，與記子很類似。在阿波介時，兩連數珠同為一百零八粒。

到了永祿年間，特別地改變環貫數珠的製法，數目種類各紛其雜，後來為了便於使用，而改為一連四十顆，另一連為二十七顆、或二十顆。前者的二十七顆和後者的二十顆，每顆之間各有一小珠，念佛時數到四十顆（或二十七顆）的接頭時，就越過一顆，待數到二十七顆時，就移動一個記子，如是誦持滿六萬遍則為一日課。因為念佛所製的念珠有三十六顆和三十顆的積數，或為四十顆與廿七

金剛子念珠(日本平安平安時代 東京國立博物館)

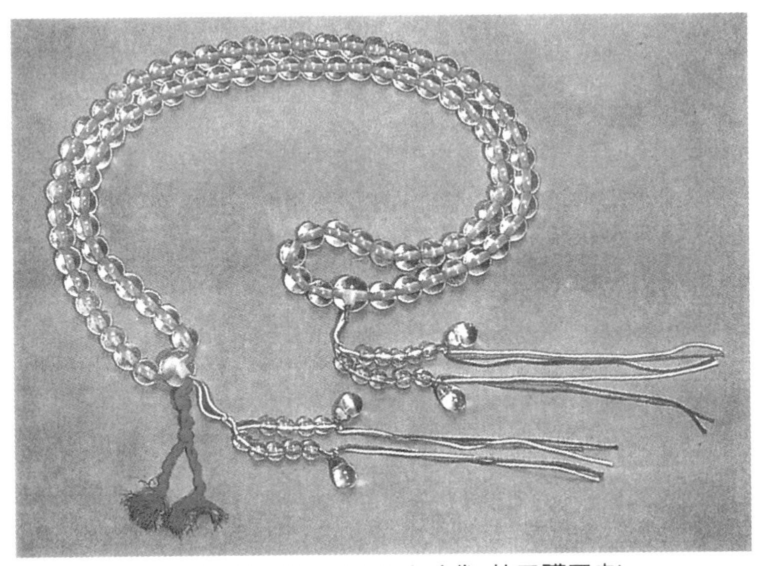

水晶念珠(日本平安平安時代 教王護國寺)

日本的念珠

顆的積數，都可以成為一千八十之數。

一般念珠的形狀皆為圓形，在《彌陀本願義疏》所引述的《大勢至菩薩經》中說：用扁平形念珠的皆是外道弟子，我佛弟子當用圓形之念珠，而不可用扁平形的。在日蓮宗的戒法門中也明示扁平念珠乃是天魔外道所製作，佛弟子不可持用之。

密宗的修法中，正念誦所用的數珠與平常所用者有別，正念誦所用之數珠，裝在筥製的容器裏，或於寶盤上，又盛儀時所用之數珠是純水晶製，稱之為「裝束念珠」也和平時所持用者有所分別。水晶珠中如果加少許其他的珠，則稱為「半裝束念珠」。

在念珠不使用時，其放置也有一定的方法。在《七俱胝佛母說準提陀羅尼經》中說：「念誦已畢，珠盤在掌中，頂戴發願……請珠在篋中安歇。」念珠之掛置各表其法，右手指所掛為達摩珠代表佛界，緒留掛在左手指上代表眾生界。

# 第二章 佛教的念珠

念珠的使用方法簡單方便，又能產生很好的效果，因此多為歷代高僧大德所提倡。以念珠持誦作為法門，使得愚癡暗鈍的人，即使無法從義理上入手修行，也能方便實踐修持。而另外，對忙碌紛擾的現代人而言，念珠更是能使人迅速攝心持念、提醒精進修持的方便法門。

念珠通常用於佩戴與持念兩種用途。佩戴念珠，可用以警惕自身及莊嚴威儀。而使用念珠，可用以制心，使之繫念一處，在行、住、坐、臥當中隨時用功。念珠的使用以繫心一處，求心靜定，使之無分散意為最重要。

念珠所持念的內容，基本上是佛、法、僧三寶；但後來多用以持念單一佛或菩薩的名號及持咒、誦經。甚至有的經典中也記載，即使只有手持念珠而沒有念誦，還是有功德的。

念珠是約束我們妄心的法器，而修行大乘菩薩道的人，更應將之擴大為廣度眾生的工具。所以持念珠念誦時應當發菩提心，並以念珠的表相作思惟：「我此發心，即是菩提心，菩提心即慈悲心，而珠線一貫，即一貫不斷之慈悲心。而線貫通諸珠，諸珠，即是諸佛的三昧。我發心，願成就福德、智慧雙足，常行十波羅蜜，廣度眾生。」這樣的持念，才是大乘菩薩的持念法。

在念誦佛、法、僧三寶或者是諸佛菩薩的名號、咒語時，應先了解三寶的勝義或是諸佛菩薩的殊勝願力、功德、行儀。

例如稱念阿彌陀佛的名號，就應該了知阿彌陀佛的四十八願，一心皈命阿彌陀佛，專心一致，持念不斷，使清淨心念相續，無散亂意，念念清晰明白，能隨時隨地一心不亂的念佛，到最後不管是碰到任何情境或睡夢時，佛陀名號都能不假循誘、脫口而出，則庶幾有成。

但是不管用何種方法持念、念誦的內容為何，都要專心一意，才能究竟成就。念誦者要正攝身心，手持念珠，右手撥珠、左手引珠如轉法輪一般，不急不緩，功德自顯。

念珠有母珠與子珠，一般在持念時不應逾越母珠，如《金剛頂瑜伽念珠經》中說：「

珠表菩薩之勝果，於中間絕爲斷漏，

繩線貫串表觀音，母珠以表無量壽，

愼莫驀過越法罪，皆由念珠積功德。」

這是說念珠的珠子代表菩薩的勝果，於中間阻絕為斷漏之意，以繩緣貫穿代表觀音，母珠代表無量壽阿彌陀佛，因此子不應越母。

還有其他經典也表示在持用念珠時，不要越過母珠，代表子不越母，觀音不越彌陀之意。

所以，持用念珠的方法各宗各派雖有不同；但大抵是將念珠展開，右手四指下托，念佛或持咒時，從母珠（中間的一顆）旁的第一珠念起，姆指下掐，一句一珠，掐到母珠時，再由左向右轉回，從母珠旁的第一珠掐起，不要越過母珠。

**念誦的方法——五種念誦**

1. 蓮華念誦：即微聲持念。
2. 金剛念誦：閉口，由舌頭微動持念。
3. 三摩地念誦：觀想心月輪中布列咒文，專注念誦。
4. 聲生念誦：觀想白心蓮華上有白螺，出妙音聲念誦。
5. 光明念誦：觀想口出無量光明，遍照法界利益眾生而念誦。

# 念珠與念佛

## ⊙念佛法門的起源與開展

念佛幾乎可說是念珠最主要的持誦內容，使用念珠的人如果能了解念佛的意義，必定能使持念的功德更加廣大。念佛法門源起於何時？念佛代表什麼意義？有何種功德利益？以下我們一一來說明。

佛教使用念珠的起源，最早的記載見於《佛說木槵子經》中，佛陀教波流離王使用念珠念佛，而其所稱念的內容，即是念佛、法、僧三寶，也就是在原始佛教中的三念法門。

三念就是指念佛、念法、念僧。佛是真理實相的實踐者；法就是如實宇宙的真理；僧是實踐真理的團體。法是超越於佛存在的，佛是依法而成。《阿含經》中說：「若佛出世，若不出世，諸法常住。」宇宙的究竟實相真理是恆住不變的，佛陀是踐履法的真理的實踐者，但在踐履法的過程裡，我們需要依靠佛陀的教導，才能學習圓滿。

念佛法門最早出現在《阿含經》的記載：這是由於佛弟子有經商者，經常必須經過曠野時，因人煙稀少，心懷恐懼，深怕被盜賊或是野獸、鬼魅精怪等傷害，而求助於佛陀。佛陀為了讓其心中安定，就教其念佛，同樣的，獨自在偏遠森林中修持的比丘，一到夜晚，獨自在黑夜的樹林中，也會生起恐懼之心。由於以上兩個因緣，佛陀就教授他們念佛法門。

當然，如果是了悟智慧實相的修行者就不需要這種方式，但是對於初機的入門者，必須透過形式來信仰，當弟子憶念佛陀時，就感覺到佛陀的偉大，心中自然浮現佛陀光明巍巍，具足三十二相、八十種好，是天人之師，是法界宇宙中偉大的生命。

因此，當念佛之時，一切恐懼自然消失了，而且佛陀神力廣大不可思議，能由念佛中祈請佛陀守護。只要誠心念佛，以此功德，死後可以生於天上，到最後可以得到解脫。

這是初期的念佛法門。到了後期，念佛法門的意義漸漸深廣。

例如，在《法華經》中說「一稱南無佛，皆共成佛道」，就是只一心稱念「南無佛」，因為那時十方佛的信仰並沒有被普遍的發展出來，每一尊佛的願力，大家還不清楚，所以那時強調的就是稱名念佛——稱念「南無佛」而已，但是這個稱名的方法，慢慢超越信仰的層次，而直指共成佛道的究竟意旨。

於是，念佛法門隨著時代的變化，不但在內容上不斷地被增廣，內義上也不斷地昇華。當修行者念佛念到後來，發覺「念佛」應該不只是信仰而已，應該有其理智面，有可以再發展的深意時，便開始思索為什麼念佛？佛是什麼？而發覺佛陀具有無邊無量的內涵，具足智慧，具足悲憫。

所以，念佛是學習佛陀的智慧跟悲憫，必須跟佛一樣發心度眾生，因此從信願到悲心、智慧三者都被納入念佛的內涵裡，三者圓滿的念佛思想，就變成一個菩薩所必須共學的。

但是每一個人根本的個性不同，所受的訓練不同，因此產生了各種不同的念佛樣態；有些人從智慧趨入，有些從悲心趨入，有些從信願趨入。

而一個從信願趨入者，會較重視形式層次，以持名念佛為主要入手處，或者觀察這尊佛的佛像，以觀想佛陀具足三十二相、八十種好，再由佛身相好思惟其背後的意含，就是佛陀廣大的悲心、智慧，與六度萬行圓滿所具足的偉大福德，所以具足相好，於是希望得到佛陀的加持，使自己能與其一樣圓滿，這是信願上入手的方法。

有些人從悲心下手：其思惟佛陀救度眾生，為了一切眾生離苦得樂，得到究竟圓滿，而發願要像佛一樣，希望以念佛力具足佛陀大悲力量。

有些人是從智慧入手，念佛時思惟的佛陀具足十力、四無所畏、一切的智慧，這種智慧就是摩訶般若波羅蜜多，所以當我們的心安住在般若波羅蜜多時，就是與佛相應，就是在念佛。如此一來，念佛法門就無限無邊的開展了！

## ⊙念佛的意義

在早期，念佛並沒有指特定某一尊佛，無論是念那一尊佛，都是念佛法門，而現今所說的念佛法門，則大多是指阿彌陀佛，因此，我們就以阿彌陀佛的念佛法門來說明念佛的意義。

念佛，根本上，心要完全憶念阿彌陀佛，語也要隨時隨地稱誦阿彌陀佛，身則隨時隨地保持清淨柔軟，皈命極樂世界阿彌陀佛。所以要身清淨、語清淨、意清淨。

除了清淨外，還要專心一意，把整個生命焦距集中在阿彌陀佛身上，所以身皈命、語皈命、心皈命，心稱念、語稱念、行迴向，到最後念念都是無間的阿彌陀佛，隨口所念皆融入念佛音聲，身所行所為和阿彌陀佛相攝，並受到加持，究竟至身、語、意和阿彌陀佛的身、語、意無二無別。我們的身就是彌陀所入之身，語是彌陀所幻化出的言，心是彌陀所幻化出的意。身、語、意所在即是彌陀所行，隨時隨地安住在念佛三昧的境界。

念佛要身、語、意與彌陀相應為一，因為平日我們的六根，都是向外攀緣，紛擾不休，透過將身、語、意與佛陀相應，可以使我們染污、煩惱的身心，轉化成佛陀清淨的身、語、意三密。

最後我們念佛念到一心不亂，淨念相續，從心中湧現內心深刻對彌陀的信心，再加上發願往生極樂、發願行彌陀行，依這二種因緣，如實憶念阿彌陀佛。

而彌陀之願力慈悲無量，也同時如實的憶念我們，就像母親和孩子相互憶念。

如此一心不亂，無間斷地念佛，阿彌陀佛果德所示現的淨土就能攝受我們，而我們將妄心息滅，皈命整個阿彌陀佛的身、語、意，自然安然不亂安住在佛心中。以其不亂而成一心，一一相續淨念無斷即是一心，如此以信為因、願為緣、憶念一心為道，則能成就阿彌陀佛的本願，也成就我們自身彌陀的果德。

## ⊙念佛的功德

念佛除了早期使心中光明，免於恐懼作用之外，其實還有廣大難思的利益。簡要而言，念佛有下列十二種功德利益。

(1)滅除一切眾障：佛的智慧、福德功德無量，因此念佛自然能除滅一切重障。就如在《觀無量壽經》中說：念佛一聲能滅除八十億劫的生死重罪。

(2)佛力加被：念佛一聲即攝入佛願，為佛所憶念，如果能心心不亂相續念佛，就如母子相應，感通互憶，自然佛力時時加被。

(3)護法護佑：修習念佛三昧，能為一切天龍八部等佛教的共同護法所護佑，並且將有所憶念佛的特別護法所吉祥擁護。而每一尊佛與其淨土，除了佛法共同護法外，也都有特別的護法擁護。

⑷智慧增長：念佛三昧能增長佛智的芽苗，而般若智也能增長念佛三昧；所以佛為增長菩薩的念佛三昧，故說般若波羅蜜多。而念佛三昧能增長我們世間與出世間的一切智慧，到最後也能圓滿佛智。

⑸莊嚴巍巍：念佛三昧與佛相應，所以能得到佛陀大莊嚴身的相應加持。從心到身自然而然具足莊嚴，整個身、語、意如染香人身具香氣一般，漸漸的轉成如佛陀一般圓滿的身、語、意。

⑹決定往生：證得念佛三昧決定往生淨土，除非行者有特殊的難行願，否則必當攝入佛的本願，與佛同住。

⑺能攝眾法：念佛三昧成就如佛灌頂，一切智慧、善緣開展，所有未聞、當聞的佛法，必定隨攝成就。

⑻集佛功德：念佛三昧成就不只會樂集諸佛功德，且會隨念攝佛功德。因與佛無間相應的緣故，諸佛念念生起的妙德，能夠自然感通，隨順佛願教化眾生、

莊嚴淨土。

⑼決定不退：如果能更深入現證成就念佛三昧者，自然於佛法中決定永不退轉，此後當然直趨佛果，階及佛地，成就無上菩提。

⑽無量光壽：無量光明、無量壽命是阿彌陀佛的特德，所以念阿彌陀佛法門者必能成就。但就廣義而言，諸佛皆具無量光壽，只是緣起本願不同，所以有了示現差異。而《文殊般若經》中說：念一佛功德即具無量諸佛功德；所以證得念佛三昧，當然具足無量光壽，只是有無隨願示現而已。

⑾成金剛身：佛陀具足法、報、化三身，念佛三昧成證也具三身妙因。《觀無量壽經》說：是心是佛，是心作佛；證得念佛三昧，念念心是佛，念念是佛心，是佛心作佛；必當成就佛的金剛心、金剛身。

⑿與佛同證：念佛三昧完全成就即是與佛同證，與所憶念佛，完全等同；這是因現空如幻而由本願淨業所成的緣故。所以，念佛三昧的圓滿境界，即是與佛同願、與願同身、與佛同樣的淨土莊嚴，並具足與佛同等的大慈大悲、四無畏、十力、十八不共法等。

因此，念佛可說是所有修行者必修的法門，如果能一心專注的受持，更能獲得不可思議功德，而念珠正是幫助修行者身心專注，一心持念的最佳法器，這也是為什麼持念珠念佛多為歷代高僧大德所提倡的原因。

# 密教的念珠

在密教的系統中，念珠的表徵意義幾乎可說是達到了極致。密教依其修持法不同，而有其專用的念珠。在密教經典中，對五方五部各有不同的使用念珠，符合其緣起。

如《瑜伽念珠經》說：中央佛部用菩提子珠，東方金剛部用金剛子珠，南方寶部用金等諸寶珠，西方蓮華部用蓮華子珠，北方羯摩部用各種和合珠。

但是密教在材料選擇上，其實是依其體性、顏色、形狀與修法的相應與否來抉擇的。所以若以息（東）、增（南）、懷（西）、誅（北）四法而言，除了體性的原則外其顏色則以白、黃、紅、黑（綠）為主了。所以我們可將密教目前常用的念珠條列於下：

修息（消災）法，可用水晶及透明或白色之各類念珠。

修增（增益）法，可用琥珀及金黃色及各類寶石念珠。

修懷（勾召、懷柔）法，可用珊瑚及紅色系列的念珠。

修誅（消除障礙）法，可用人骨及黑色系列的念珠。

## 密教四種修法的念珠

| 修法內容 | 效用 | 方位 | 顯色 | 適用念珠 |
|---|---|---|---|---|
| 息法 | 息災—平息災難障礙 | 東 | 白色 | 水晶透明、硨磲等白色系列念珠 |
| 增法 | 增益法—增長福德、財富、智慧 | 南 | 黃色 | 黃水晶、琥珀等黃色系列念珠 |
| 懷法 | 懷愛法—善於攝受眾生、增長人際關係 | 西 | 紅色 | 珊瑚、紅髮晶等紅色系列念珠 |
| 誅法 | 誅除法—誅除一切煩惱障礙 | 北 | 黑色 | 人骨及黑曜岩等黑色系列念珠 |

修一切法，皆可用鳳眼菩提子念珠。

修觀音法，可用菩提子及水晶念珠。

修護法，可用金剛子等念珠。

而在念誦的方法上，密宗的五部也有差別。

修佛部法，是用大指捻食指而念。

修金剛部法，用大指捻中指而念。

修寶部法，是用大指捻無名指而念。

修蓮華部法，用大指捻小指而念。

修羯摩部法，則以上任一法皆可，而不用的各指散直開來。

## ⊙用念珠持咒的方法

真言咒語（梵名 mantra 曼怛羅）在密教的修法中，有著核心的地位。

真言咒語是直接顯現如來身、語、意三密中的語密，並顯示如來的言語為真實契理，全無虛妄，所以稱之為真言。而真言能照破無明迷暗，使修行者能證得圓明清淨，所以稱為「明」或「明咒」。

誦持真言咒語，能使我們身心一如，能總攝無量的密義功德；而真言不管其字數多寡，皆能總持無盡教法義理，所以稱為陀羅尼。由持誦真言，能引發悲、

## 密教五部修法的念珠

| 五部 | 部主 | 顯色 | 相貌 | 座騎 | 種子字 | | 三昧耶形 | 相應數珠 | 五部持念的方法 |
|---|---|---|---|---|---|---|---|---|---|
| 佛部 | 大日如來 | 白 | 寂靜 | 師子 | [illegible] | [illegible] | 塔 | 菩提子 | 右手拇、食二指 |
| 金剛部 | 阿閦佛 | 青 | 瞋怒 | 象 | [illegible] | [illegible] | 五鈷杵 | 金剛子 | 右手拇、中二指 |
| 寶部 | 寶生如來 | 金 | 歡喜 | 馬 | [illegible] | [illegible] | 寶珠 | 寶珠 | 右手拇、無名二指 |
| 蓮華部 | 阿彌陀佛 | 赤 | 清涼 | 孔雀 | [illegible] | [illegible] | 蓮花 | 蓮子 | 拇、無名、小三指 |
| 羯磨部 | 不空成就佛 | 雜 | 現種種相 | 金翅鳥 | [illegible] | [illegible] | 羯磨 | 雜寶和合 | 以上任何一法皆可 |
| 經典出處 | 《略出經卷》《攝真實經》 | 《攝真實經》 | 《攝真實經》 | 《略出經》 | 《略出經》 | 《略出經》 | 《略出經》 | 《略出經》《攝真實經》 | 《攝真實經》《守護經》 |

智、神通及各種禪定三摩地，消除災患，所以稱為咒或神咒。

在中國，一般而言對真言均不加以翻譯，而直接運用其原語的音譯，認為唸唱或書寫、觀想其文字，即能具有與真言相應的功德，所以持修真言不僅可以得證開悟而即身成佛，而且也能滿足世間的願望。

例如，《不空羂索毗盧遮那佛大灌頂光真言經》所說的〈光明真言〉，即可使聞者滅除所有的罪障；而且如果念誦〈光明真言〉，加持於土砂，並將土砂撒於死者或其墓上，則可藉此加持力量，滅除亡者的罪業，而使亡者得以往生西方極樂世界。

以念珠持誦真言，可幫助修行者身心專注，精進持誦，使咒語發揮更大的力量，在許多密教儀軌中，都有使用念珠持咒的記載。

## ⊙密教經典中關於念珠的記載

此外，在許多密法儀軌中，也記載著使用念珠持誦的方法，如《一字頂輪王瑜伽一時處念誦成佛儀軌》即記載著：「

復結勝身印，誦三字密言，三七隨所宜，即取菩提珠。
盤置合掌內，當心誦密言，菩提心密語，三遍或七遍，
捧珠安頂上，誦金剛語心。由以此密語，加持念珠故，
所誦尊密語，掐一珠過已，一成一千遍，二手當心前。
各攝聚五指，從母珠初起，一誦掐一遍，與密言齊平。
至母珠卻迴，不應越母珠，驀過獲法罪，可千或百八。
一數爲當定，不應有增減，數限既終畢，還捧合加持，
放置於淨處，敬珠猶如佛，不應輕棄擲。」

儀軌中說，使用念珠時，應先取念珠盤置合於掌內，當心持誦真言數遍，然後奉念珠安於頂上，持誦金剛語心，即嚩字（[illegible]），以此為金剛語菩薩種子心，加持觀想，使行者持誦佛號真言一遍，即成一千遍。在《修習般若波羅蜜菩薩觀行念誦儀軌》卷一中則說應當誦念珠真言：「唵　嚩日囉　愚呬耶　惹跛三麼曳吽」，以此真言加持念珠七遍的緣故，念誦一遍則成千遍。

再來將念珠安置胸前，持誦本尊真言，每持一次掐一珠，從母珠開始，誦一

次真言就掐一珠，誦完一圈後，至母珠再返回來念，不應越過母珠。

在《大毘盧遮那經廣大儀軌》卷中記載念珠的持誦方法：「

次應捧念珠，菩提與蓮子，金剛光好者，貫穿一百八，
乃至於二時，當心住等引，持珠當於心，四時及三時，
三麼呬多地，念大日本明，一百或一千，數滿三洛叉，
作心意念誦，出入息爲一，短聲與長聲，常一一相應，
異此而受持，眞言闕支分，自尊爲一相，無二無取著，
不壞意色像，勿異於法則。」

《大日經》儀軌中說，使用念珠，應取光澤色好的菩提子與蓮子，貫穿一百零八顆，再將念珠當心受持，入於寂定，持誦大日如來的真言。

在《甘露軍荼利菩薩供養念誦成就儀軌》卷一中則說：「即捻珠安於兩手中，如未敷蓮合掌捧戴，誦金剛語菩薩密言加持七遍。密言曰：

唵　嚩日囉　愚呬也　若跛三麼曳吽

由此密言加持念珠，即誦密言一遍移一珠，即爲以誦密言一千遍，以二手大

指、頭指，當心掐珠，餘三指散直，左手引珠，右手掐珠，如轉法輪相，念誦一百八遍或一千遍，若不滿一百八遍即不充祈願遍數。

念誦之時，心不間斷，觀身爲本尊，誦之時不應出聲，不緩不急，至娑嚩訶字珠齊畢，數限滿已，還捧念珠加持安置。」

儀軌中提示，以念珠持誦時，要心不間斷的觀想自身為本尊，不緩不急的念誦。

在《藥師琉璃光如來消災除難念誦儀軌》卷一中，則說：「

次即取數珠，盤置雙掌內，加持成七遍，捧珠安頂上。

眞言曰：

唵嚩曰囉　虞醯曳　惹跛三麼曳吽

由此眞言印，加持念珠故，從母珠初起，一遍捻一珠，
眞言末字畢，至母珠卻迴，不應越母珠，驀過越法罪。
廣教萬八千，略之一百八，限數既終畢，再捧珠加持，
稱所祈求事，志心普迴施。」

儀軌中也說以念珠持誦計數時，不應越母珠。而持誦完畢之後，再捧著念珠加持，對本尊稱說自心所祈求之事，最後普為迴向佈施。

在《大虛空藏菩薩念誦法》卷一中，則是以水精（水晶）念珠加持安置頂上，並至誠發願：「十方世界所有修真言行者，彼所受持一切真言，願速成就。」接著以不緩不急的速度，心離散亂，用念珠持誦真言。完畢之後，捧珠頂戴，又至誠發願：「一切有情所希望，世出世間殊勝果報，以我念誦福力，速令成就。」最後安置念珠於本處。

在《金剛頂瑜伽千手千眼觀自在菩薩修行儀軌經》卷二中，更仔細說明手指掐念數珠的方法：「次結加持念珠印，即取蓮子念珠安於掌中，合掌當心誦淨珠眞言，加持七遍，眞言曰：

唵尾嚧(引)左曩(引)麼嚩娑嚩(二合引)賀

即捧珠頂戴，然後以左手禪戒二度捻珠，右手智方二度捻珠，餘六度直竪當心，相去二三寸許，以千轉眞言加持七遍，眞言曰：

唵嚩日囉(二合)獄呬野(二合)惹(自嚩反引)跛三(去)麼曳(引)吽(引)

即以二手各聚五度，如未數蓮華，以智方二度移珠，誦千手千眼陀羅尼一遍，與娑嚩(二合)賀字齊聲移一珠。」

儀軌中也提及念誦時的方法要點：「如是念誦不緩不急，不應出聲稱呼，眞言字令一一分明，寂靜念誦離諸散亂，一心專觀本尊勿緣異境。」

而持誦的數目則「或百或千，常定其數」，視個人情況而定。念誦之後，接著應至誠發願，「念誦畢已，捧珠頂戴，至誠發願，安珠本處」。

修行者為了志求無上菩提，發廣大淨信，念念精誠，對一切有情，深深生起悲愍拔濟之心，因而希望成就一切悉地行願，以決定的心意志向不移，晝夜精勤，不憚劬勞，從初開始作先行念誦承事時，乃至求悉地成就時，應不間斷，遍數不應闕漏，在一精室中精誠念誦，對於本尊像前，常辦外供養物，隨著自己的能力備辦不令間斷，如此依教軌中所說修習，不久當獲廣大成就。

## ◉念珠的手印

在密教的修法中，加持念珠也有特別的手印。在密法修行中通用的十八種修法次第十八道法中，就有加持念珠的手印。

## 十八道法中加持念珠的手印

十八道法是密教行者於其中修學熟練灌頂的禮儀中的各種基本的手印、真言、觀想等，再受持金剛界、胎藏界等大法。

十八道簡軌中，通常分為六類法：

1. 莊嚴行者：又稱作護身法，為除穢淨身之法。
2. 結界法：即先結地結印，堅固所住地。次結金剛墻印，四方設柵以防他人侵入。
3. 莊嚴道場：謂於所結界處，建立道場並莊嚴之。
4. 勸請法：謂迎請本尊入道場。
5. 結設法：即本尊既臨道場，故結部主印以驅除常隨魔。
6. 供養法：即結閼伽印，以水供本尊。次結華座印，為聖設蓮華座。再結普供養印，作種種供養，使本尊隨意受用之。

◎加持念珠

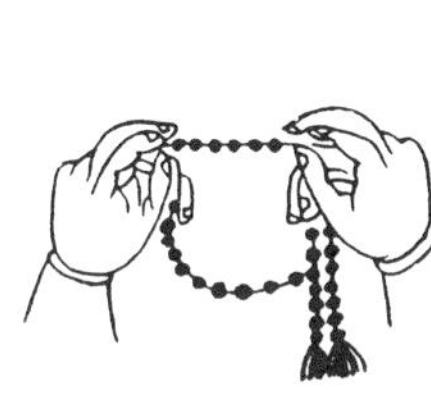

其中加持念珠的手印如下：

加持念珠：用左手拿取念珠，纏於左手無指以下四指，作三匝放置於右掌，燒香時焚香三次，其次依左右左的順序移轉，放入合掌而貼緊胸前。

觀念時：把念珠旋轉三次，旋轉真言三遍。

唱真言時：誦主佛咒一〇八遍。

散念珠

散念誦

而在發願之後要上供養時，手結普供養印，即念珠掛在左臂上，作金剛合掌，支撐二食指，內縮成寶形，二大指並立，再持誦真言：

唵　阿謨伽布惹　麼抳鉢納麼嚩日囉　怛他蘖哆尾路枳帝　三滿多鉢囉薩囉　吽

而在加持香水及供品時，手結小三古印，即右手五指伸直，以食指腹壓小指甲，左手持念珠做加持，口誦加持香水真言：唵　阿蜜哩諦　吽　發吒。及加持供物真言：唵　播那葛哩沙拏嚩日囉　吽

## 念珠的製作

在古代，念珠的取得並不容易，材質的種類也極其有限，然而近年來由於佛教文物流通處林立，加上念珠的普遍化，使現代人取得念珠非常容易。

然而，根據經典中的記載，要製作具足法相的念珠，從取材到製作，都必須經過極為嚴謹的程序。雖然古今因緣環境有別，現代製作念珠也未必能遵照古法，但是我們從其中可以看見古人尊重念珠如敬佛的恭敬謹之心。因此，以下列舉出經典中相關資料供讀者參考。

### ⊙原料的採集

在《陀羅尼集經》卷二中，記載著製作數珠的儀軌：「若人欲作法相數珠，先喚珠匠，莫論價直，務取精好，其寶物等皆須未曾經餘用者，一一皆須內外明徹，無有破缺，圓淨皎潔，大小任意。」

要製做具足法相的念珠，不管其價值，重要的是取精好者，其寶物皆須未曾作為其他用途，一一都要內外明徹，沒有破損、缺失者，珠子的大小也沒有一定，視個人需要而定。

接著，在開始製作念珠之前，必須先齋戒沐浴，莊嚴道場，才開始製作。經中說：「與其珠匠先受八齋，香湯洒浴，著新淨衣，與作護身，嚴一道場，懸諸幡花，以香水涇一小壇子，日日各以香華供養，又著一兩盤餅果供養，又復夜別各然七燈，作是相珠一百八顆。」

作成數珠之後，再加上一顆金珠作為母珠，及十顆銀珠充作記子，如此就成為佛、法、僧三寶法相圓滿的法相念珠了。經中說：「造成珠已，又作一金珠以

## 念珠材質選擇的要點

(1) 珠材內外清明透徹。
(2) 珠身滿肥潤清淨皎潔。
(3) 無有破損缺失。
(4) 種子果實類太瘦小或被蟲蛀者皆不宜。

為母珠，又更別作十顆銀珠，以充記子，此即名為三寶法充圓備，能令行者掐是珠時，常得三寶加被護念。」

數珠製做完成之後，在壇城中接著再以香水、食物、燈明來供養。祈請佛菩薩、金剛、諸天神加持，再持此念珠隨身使用。經中說：「作是珠已，於此壇中，更以種種香水洒珠，又著七盤食，然三七燈，請佛般若菩薩金剛及諸天等，仰啟供養，稱讚三寶威神力故，種種法事皆有效驗，然後持行隨身備用。」持用

## 製作念珠的程序

1. 選擇材質
2. 製作者自身受八關齋戒，以香湯沐浴
3. 莊嚴道場
4. 以香華、餅果，燃七燈供養
5. 作相珠一〇八顆
6. 加一顆念珠為母珠，十顆銀珠充作記子
7. 製成後置於壇城祈求本尊加持
8. 請下後即可隨身攜帶使用

如此念珠，能使一切惡事不相染著，一切鬼神都會敬畏，能使行者功德圓滿，稱為「數珠祕密功能」。經中說：「一切諸惡，不相染著，一切鬼神共相敬畏，是故福力具足成辦功德滿願，是名數珠祕密功能。」

在念珠的製作上，也必須恭敬審慎，《大方廣菩薩藏文殊師利根本儀軌經》卷十一中說：「將欲辦造，宜先一一清潔身心專注。然執取珠子鑽持磨瑩，一一逐件各念真言……凡貫穿時，攝心專注，不得散亂。」

## ◉珠材的選擇

而在珠材的選擇上，也要仔細挑選，經中說：「智者選子切須勻好，不得朽損及與缺減，並須圓滿仍細為上。」此外，在植物和金屬、寶石類的材質也有不同的選取標準：「彼菩提子、金剛子、印捺羅、患子等，及用別子，一一揀選殊妙上等，彼持課人要當一心，專注成辦，此外或用金、銀、真珠、水精、硨磲、碼瑙，及以珊瑚種種諸寶，或用最上摩尼寶等，必須圓滿肥潤，勿令缺減。……復有用金、銀、銅、鐵、鉝、石、鉛、錫等鑄，或一種二種三種鑄成，唯求堅牢圓滿，勿令缺減，仍須光明瑩淨如寶瓔珞。」

製作念珠，從上樹採集珠子開始，都要端正心意，心不迷倒，挑選良好的珠材，如果是太瘦小或是被蟲蛀蝕的珠子，都不堪做為數珠。經中說：「其中若是瘦屑，及有蟲蝕皆不堪用。」

而從樹的上、下及東、西、南、北四方的樹枝上所採集的種子做成的念珠，也有不同的效用。經中說：「彼上樹人每上樹時，心不迷倒，乃至身及杪枝，直至收得其子，此為最上珠，我說此珠為最上用，得最上法成就。

若至中枝獲中等珠，得中法成就，若至下枝獲下珠者，當成就最下果報。

其子若是瘦屑，及有蟲蝕皆不堪用。

若得西枝子為珠子者，得法成就當獲財富。

若得北枝子為珠者，當得聖賢愛重，夜叉及一切部多皆悉降伏，至於天人乃至乾闥婆、緊那羅、羅刹等皆悉降伏。若依儀軌作諸事業，一切正事皆得增益，復得一切成就所求皆得。

若得東枝復見彼枝有果見在，若得彼子為珠者，凡所修行持課行人得持明成就，作種種事皆得圓滿，專心受持亦獲長壽。

若得南枝長而無葉，彼雖有子不可爲珠，若爲珠者害眾生命，故彼持課人當一心遠離。彼南枝若不長及有葉，彼或有子堪爲珠者，彼持課人亦須捨離。何以故？猶能殺冤家故，若捨而不取，乃獲福無量。若得下枝長而下指乃至入地，彼枝有子得爲珠者，彼持課人當依儀軌專注受持，念誦者凡是地中山間，所有空窟有修羅住處，是持課人皆悉能入，與修羅男女同住於修羅宮中，經於一劫受最上快樂。

初於樹上得珠子已，下樹之時，彼持課人誦前眞言而作擁護。」

經中說，上方枝的種子者，是最上乘的，如果得西枝種子做念珠，以此修法持誦能得財富，如果以北枝種子做為念珠者，以此修法持誦，則能得一切聖賢敬愛，一切夜叉等皆悉降伏，若是取東枝種子做念珠者，則能得持明成就，並獲長壽，而南方珠則能殺害冤家，應捨棄不取。下方種子所製念珠，則能自由出入修羅宮中。這種說法可能是配合密法中息、增、懷、誅等四法的東、南、西、北四方位而說。

## 樹上不同部位採珠的效用

| 樹上採珠部位 | 成就效用 |
| --- | --- |
| 中枝／中等珠 | 中法成就 |
| 下枝／下等珠 | 成就最下果位 |
| 西枝 | 成就財富 |
| 北枝 | ・得聖賢敬愛尊重<br>・夜叉部多，天人降伏<br>・一切正法事業得增益 |
| 東枝 | ・修行持誦行人得持明成就<br>・專心受持得長壽 |
| 南枝／長而無葉 | ・若為珠害眾生生命，能殺冤家<br>・捨而不取獲福無量 |
| 下枝／長而下指入地 | 能與修羅眾共住，受一劫最上快樂 |

# 第三章 念珠的種類

念珠的型態，通常如前所述之顆數，變化不多，然而念珠的材質則是琳瑯滿目，加上現代製造技術的進步，在製作念珠的材料種類上不但豐富許多，精美莊嚴的程度上也更甚以往。

關於念珠的材質，在經典中就記載著各種材質，如：《陀羅尼集經》舉出金、銀、赤銅、水精（水晶）及木槵子、菩提子、蓮華子等類；《守護國界主陀羅尼經》卷九列出菩提子、金剛子、金、真珠、水精、真珠、蓮花子、金剛子、間錯種種諸寶、菩提子等十種。

而《曼珠室利咒藏中校量數珠功德經》則列出鐵、赤銅、真珠、珊瑚、木槵子、蓮子、因陀囉佉叉、烏嚧陀囉佉叉、水精、菩提子等十種；《金剛頂瑜伽念珠經》列舉硨磲、木槵、鐵、熟銅、水精、諸寶、帝釋子、金剛子、蓮華、菩提子等十一種。

《蘇悉地羯囉經》卷中〈供養次第法品〉列舉菩提子、蓮花子、嚕梛囉叉子、木槵、多羅樹子、土、螺旋、水精、真珠、牙、赤珠、諸摩尼、薏苡珠及其餘的草子等十四種；《蘇婆呼童子請問經》卷上〈除障分品〉列舉活兒子、蓮華子、阿嚧陀羅阿叉子、水精、赤銅、錫、木槵、琉璃、金、銀、鑌鐵、高佉等十二種。

對於各種不同材質的念珠，經典中也記載著其各具有不同的念誦功德，如《佛說校量數珠功德經》中說：「受數珠校量功德差別如是：若用鐵為數珠者，誦掐一遍，得福五倍；若用赤銅為數珠者，誦掐一遍，得福十倍；若用真珠、珊瑚等為數珠者，誦掐一遍，得福百倍；若用木槵子為數珠者，誦掐一遍，得福千倍。若求往生諸佛淨土及天宮者，應受此珠。

## 經典中念珠的材質

| 記載材質 | 經典出處 |
|---|---|
| 金、銀、赤銅、水精（水晶）及木槵子、菩提子、蓮華子。 | 《陀羅尼集經》 |
| 菩提子、金剛子、金、真珠、水精、真珠、蓮花子、金剛子、間錯種種諸寶、菩提子。 | 《守護國界主陀羅尼經》 |
| 鐵、赤銅、真珠、珊瑚、木槵子、蓮子、因陀囉佉叉、烏嚧陀囉佉叉、水精、菩提子。 | 《曼珠室利咒藏中校量數珠功德經》 |
| 硨磲、木槵、鐵、熟銅、水精、真珠、諸寶、帝釋子、金剛子、蓮華、菩提子。 | 《金剛頂瑜伽念珠經》 |
| 菩提子、蓮花子、嚕梛囉叉子、木槵子、多羅樹子、土、螺旋、水精、真珠、牙、赤珠、諸摩尼、薏苡珠及其餘的草子。 | 《蘇悉地羯囉經》 |
| 活兒子、蓮華子、阿嚧陀羅阿叉子、水精、赤銅、錫、木槵、琉璃、金、銀、鑌鐵、高佉。 | 《蘇婆呼童子請問經》 |

若用蓮子為數珠者，誦掐一遍，得福萬倍；若用因陀羅佉叉為為數珠者，誦掐一遍，得福百萬倍；若用烏盧鎓羅佉叉為數珠者，誦掐一遍，得福千萬倍；若用水精為數珠者，誦掐一遍，得福萬萬倍。

若用菩提子為數珠者，為用掐念，或但手持此珠，不能依法誦佛名，等數難可拔。是諸善男子，若復有人手持此珠，不能依法念誦佛名及陀羅尼，此善男子但能手持隨身，行住坐共，所出言語，若善若惡，斯由此人以持菩提子故，得福等同如念諸佛誦咒無異，得福無量。」

《陀羅尼集經》中以水精念珠為功德第一；《攝真實經》卷下〈建立道場發願品〉說香木皆得一分福，鎓石、銅、鐵得二分，水精、真珠得一俱胝分，蓮華子、金剛子得二俱胝分，間錯種種諸寶及菩提子最勝，可得無量無數不可說不可說分之福德。《守護經》說菩提子及種種和合之珠最勝；《數珠功德經》、《瑜伽念珠經》等也以菩提子為最勝。

綜合以上經典所說，再加上現代新開發的材質，念珠的材質大致上可以歸納出以下幾種：

一、種子及果實類念珠

木槵子念珠：木槵子念珠可以說是佛教最早的念珠，佛陀最早教導弟子使用的念珠就是木槵子念珠。

金剛子念珠：金剛子又被稱為天目珠，是惡叉聚樹的果核，是密教金剛部法常用來修持的念珠。

菩提子念珠：菩提子是一種名為川穀的樹所結的種子，而不是一般所熟知的菩提樹所結的種子。依其表面的花紋，又可分為草菩提、星月菩提、鳳眼菩提等。

蓮花子念珠：蓮花子是指蓮花所結的種子。由於蓮花在佛教中象徵著種種珍貴的意含，使蓮子念珠也具足無限功德。

果核念珠：除了上述兩種種子之外，也有以果核雕刻做為念珠者，其中又以雕成十八羅漢者居多。

二、香木類念珠

沈木念珠：沈木香木中最上等的品級，經中常以此香來比喻戒德之香。沈木念珠經過掐念之後，會散發出沈油的香味，且能僻除邪氣，有安神之效。

檀木念珠：檀木經常被用於雕刻佛像，加上其特殊的香味，又具有治熱病、去風腫之效，也是常見的念珠材質。

## 三、寶石、玉石類念珠

經典中所記載金、銀念珠，現今極為少見。

琉璃念珠：琉璃為佛教七寶之一，有青、白、赤、黑綠等顏色，類似現代貓眼石的一種。

硨磲念珠：這種海中的巨蛤殼所製成的念珠，雪白無比，性涼可除熱惱，不但是佛教七寶之一，又有僻邪之用，至今仍深受大眾喜愛。

瑪瑙念珠：瑪瑙是石英的變種，是人類最早使用的寶石材料之一，如埃及米索不達米亞地區的最早居民沙美里亞人，就是以瑪瑙來做為信物、串珠、圖章，是極為普遍的寶石念珠之一。

水晶念珠：水晶的種類繁多，除了被製成念珠之外，更大量用在風水命理上，連帶的使佩戴念珠的人也結合了祈願與需求，來選擇各種顏色、材質的水晶念珠。

珊瑚念珠：珊瑚念珠，一般認為可趣吉避兇，逢凶化吉，再加上珊瑚本身為紅色，也常被用於修持懷愛法。除了製成念珠之外，也常用來供佛、做為佛像身上的裝飾。

各種寶石念珠：寶石的種類極為繁多，常被用來製做念珠的寶石有：虎眼石、青金石、金沙石、綠松石等等。

琥珀念珠：琥珀為佛教七寶之一，是遠古時代松樹所分泌出來的樹脂，經過地殼變動埋於地中的化石。除了作為藝品、念珠之外，還具有安神的作用。

四、其他類念珠

骨、角念珠：除了以上幾種念珠材之外，象牙、駱駝等動物的骨骼，也被用來製成念珠，甚至西藏密教也有以高僧大德的頭骨所製成的人骨念珠，象徵不畏生死，超越輪迴。

以下分別介紹各種常見材質的念珠。

## 念珠的材質與特色

| 類別 | 材質 | 特色 |
| --- | --- | --- |
| 種子、果實類 | 木槵子 | •佛教最早的念珠。 |
| | 金剛子 | •金剛部修法常用的念珠。 |
| | 菩提子 | •象徵諸佛菩薩廣大菩提心。 |
| | 蓮子 | •象徵諸佛菩薩清淨無染等莊嚴功德。 |
| 香木類 | 沈木 | •香木中價值最昂貴的，可安神、僻邪，經中常以其比喻菩薩戒香、菩提心香。 |
| | 檀木 | •氣味芬芳，能治熱病，去風腫，於經典中常被用來比喻戒德之香。 |
| 寶石、玉石類 | 硨磲 | •佛教七寶之一，顏色雪白，常做為供佛的裝嚴，並用於息災法的修持。 |

| 類別 | 材質 | 特色 |
|---|---|---|
| 寶石、玉石類 | 瑪瑙 | ・人類最早使用的寶石之一，也是佛教的七寶之一。 |
| | 水晶 | ・佛教七寶之一，在經典中常被用來比喻清淨的法性，現今則被大量運用於佩戴身上改善運勢、風水。 |
| | 珊瑚 | ・常被用於修持懷愛勾召法。 |
| | 琥珀 | ・琥珀常含有昆蟲、種子和其他包裹體。 |
| | 黑曜岩 | ・蘊含火山巨大能量，被認為可辟邪護身，在密法中與黑色為顯色之本尊相應。 |
| 其他 | 象牙、人骨 | ・人骨常做為誅法的修法用念珠 |

# 種子、果實類念珠

## ⦿木槵子念珠

木槵子是印度最早用來作念珠的植物，著名的《木槵子經》，就是佛陀宣說以木槵子種子作成念珠的修持方法。

木槵子又稱為木患子、無患子。梵名作阿唎瑟迦紫，樹高七、八公尺，夏季會開黃色小花，開花之後結果實，外形圓潤，果皮堅硬；裏面有種子，顏色黑且堅硬，就是用來作為念珠的部份。

在《木槵子經》中說：「若欲滅煩惱障、報障者，當貫木槵子一百八，以常自隨。」經中說如果要消除煩惱障、報障的人，應當以木槵子，穿成一百零八顆念珠，常隨身攜帶、持誦。

中國在初唐時，也風行以木槵子穿製念珠，《續高僧傳》卷二十〈道綽傳〉中說：「穿諸木欒子（木槵子）為數法，遺諸四眾，教其稱念。」四眾是指出家比丘、比丘尼，及在家的居士男眾、居士女眾，皆以木槵子念珠教其稱念。

在《本草綱目》中也舉出木槵子的七種別名，即：桓、木患子、噤婁、肥珠子、油珠子、菩提子、鬼見愁。為什麼木患子又叫「鬼見愁」呢？在崔豹《古今注》中記載：從前有一個神巫叫寶眊，能以晝符念咒召集百鬼，再用無患子樹棒打殺，因此人們認為這種樹為眾鬼所懼，所以又稱之為「鬼見愁」。

《本草綱目》同時也記載木槵子有種種功用，如：泡水可以用來洗頭，搥碎肉皮搗爛可用來洗面去垢。而焚燒木槵子可辟除邪惡之氣。另木槵子也可除口臭、治牙痛。

在《千手千眼觀自在菩薩廣大圓滿無礙大悲心陀羅尼經》卷一中則說，如果要降伏大力鬼神者，可取阿唎瑟迦柴（木患子），以咒語加持七七四十九遍，投入火中燒，還必須塗上酥酪蜜，並於大悲心千手千眼觀音像前修法。

在《佛說木槵子經》中，記載佛陀教授弟子以木槵子念珠念佛的因緣。

當佛陀遊化靈鷲山時，當時的波流離王，派遣使者來到佛所，請問佛陀，其國土由於領土極小，加上年年遭寇賊之災，使五穀物價都極為昂貴，疾病流行，民生困苦，使波流離王恒不得安穩，雖然想修行，但如來的法藏，大多深廣無邊，而其憂心國務，也沒有太多的時間能夠修行，因而祈求佛陀，賜其祕要之法，使其日夜容易修行，於未來世中，能遠離一切眾苦。

佛陀就教導他：如果要滅除煩惱障、報障，應當貫木槵子一百八顆，常自隨身，不管行、住、坐、臥等，應當至心無分別散意，稱念佛陀、達摩、僧伽之聖名，以此做為簡易的修行法門。因此木槵子可以說是佛教最早的念珠。

在《陀羅尼集經》卷二〈佛說作數珠法相品〉，阿彌陀佛療病法印第十四中說：「若人常行念佛法者，用木槵子以為數珠。」在早期的念珠中，木槵子念珠可說是極為普遍使用的念珠。

菩提子念珠是常見的念珠之一，但用來作念珠的菩提子，並不是一般所說的菩提樹種子，而是另外一種菩提樹。

一般做為菩提子的菩提樹，為落葉喬木，莖稍平滑，葉長一至二吋，葉緣呈鋸齒狀，上面平滑，下面呈白色，密生細毛，花有從葉掖持生的披針形總苞，上出花梗，花梗的前端多分歧。七月開黃褐色的花，結圓形的果實，其色白，有堅殼，如琺瑯質，也就是串成念珠的部分。在《校量數珠功德經》中說：「用菩提子持念，獲福無量，若用菩提子為數珠者，或用掐念，或但手持數誦一遍，其福無量。」相傳日本僧人榮西，曾於自宋朝移植此樹回日本。

而一般所熟知的菩提樹，是指諸佛成道處的樹木。又稱覺樹、道樹、道場樹、佛樹、思惟樹。

而釋迦牟尼佛成道的樹木，有不同的說法，一般的說法大都說佛陀是在畢鉢羅樹下成佛，所以一般所說的菩提樹，都是指畢鉢羅樹。

畢鉢羅樹產於中印度及孟加拉，外型類似無花果樹。音譯又作必鉢羅樹、痺鉢羅樹。在《大唐西域記》卷八中記載佛陀成道時金剛座上的菩提樹：「金剛座上菩提樹者，即畢鉢羅之樹也。昔佛在世，高數百尺，屢經殘伐，猶高四五丈。佛坐其下成等正覺，因而謂之菩提樹焉。莖幹黃白、枝葉青翠，冬夏不凋，光鮮無數，每至如來涅槃之日，葉皆凋落。傾之復故。」

現今一般所指的菩提樹，除了畢鉢羅樹之外，也有說是阿說他樹，是常綠喬木，枝葉繁茂，亭亭高聳，枝葉周圍可達二十五呎，樹皮稍平滑，呈灰色，葉是互生有長柄，葉身長四吋乃至七吋，寬三吋及至四吋餘，尖端長而尖，葉子的表裏皆無毛，上面特別平滑而有光澤，葉呈網狀脈，花包容在小形壺狀的花托內。

在經典中，常以菩提樹來比喻菩提心。如，《大方廣佛華嚴經》卷七十八〈入法界品〉第三十九之一中，有關於菩薩菩提心樹的譬喻，經中佛陀告訴大眾：譬如波利質多羅樹，其樹皮的香氣，在閻浮提中，不管是婆師迦花、薝蔔迦花、蘇摩那花，如是等華所有香氣皆不能及。而菩薩摩訶薩的菩提心樹也是如此，菩薩所發的大願功德之香，是一切二乘聖者的無漏戒定、智慧解脫、解脫知見等諸功德香都不能及的。

又譬如波利質多羅樹，在尚未開華之時，就知道此時是無量諸華出生生之處，而菩薩摩訶薩的菩提心樹，也是如此，雖然尚未發一切智慧之華，但應知道此即無數天人、眾菩提華所出生之處。

在《校量數珠功德經》說：「若菩提子為數珠者，或用掐念，或但手持，數誦一遍，其福無量。」

在《華嚴經》中更廣大比喻菩提心的功德：

菩提心者，猶如淨水，能洗一切煩惱垢故。

菩提心者，猶如慈母，生長一切諸菩薩故。
菩提心者，猶如大海，一切功德悉入中故。
菩提心者，猶如虛空，諸妙功德廣無邊故。
菩提心者，如良善馬，遠離一切諸惡性故。
菩提心者，如好珍財，能除一切貧窮事故。
菩提心者，猶如蓮華，不染一切諸罪垢故。
菩提心者，猶如涌泉，生智慧水無窮盡故。
菩提心者，猶如伏藏，出功德財德匱乏故。

雖然用來念珠串的菩提子，並非一般所指的菩提樹種子，但是由於其名稱能使人憶起菩提心，因此以菩提子為念珠來持誦，也具有殊勝的功德。

## ⊙金剛子念珠

金剛子是惡叉聚樹的果核，又稱嗚嚕捺囉叉（梵名 rudrākṣa）意思天目珠、綖貫珠或金剛子。

金剛子念珠

金剛子被稱為「天目珠」是因為其果核長得像大自在的眼珠，而一般多稱其為「金剛子」。由於其果核猶如以線劃成五面，所以又有「五面」的意義。金剛子的樹種為高大喬木，葉片厚，開白綠色花，果實呈球狀為紫色，印度人多取來作染料或榨油。

在《成唯識論演秘》中說：「惡叉聚者，於一聚中，法爾而有多品類也。西域有之，人以為染，並取其油。」金剛子的果核為木質，表面多突起，也就是用來作念珠的部份，稱為金剛子或金剛珠。

由於此樹的果實都是三粒同一蒂，且果實落地後多聚集在一處，所以稱作惡叉聚，在經論中經常用來譬喻惑、業、苦三者間的互相關連，或引用來譬喻多數或眾多的意思。例如，在《成唯識論》卷二中就記載著：「一切有情，無始時來，有種種界，如惡叉聚，法爾而有。」而在《成唯識論》中則記述說：「惡叉形，如無食子，落在地時，多為聚故，以為喻也。」而在《首楞嚴經》卷一中，用之以形容眾生業種的積聚：「佛告阿難：『一切眾生，從無始來種種顛倒，業種自然如惡叉聚。』」同經卷七則來形容功德無量：「無量功德如惡叉聚。」

《翻譯名義集》卷三〈林木篇〉第三十一中說：「惡叉聚，資中曰：『此云綖貫珠，無始無明熏習成種，種必有果，子子相生，熏習不斷。』

真際云：『惡叉，樹名。其子似沒石子，生必三顆同帶，喻惑業苦三，同時具足。』」言惑業苦者，惑乃煩惱道，業即業道，苦謂苦道。」這是說惡叉聚意義為綖貫珠，而用以比喻眾生之無始明熏習成種子，而種子又出生果實，果實又有種子，子子相生，熏習不斷。

金剛子常被用來製成念珠。在《慧琳音義》卷三十五中就說：「嗚嚕捺囉叉（中略）西方樹木子核，文以排核，大小如櫻桃顆，或如小彈子，有顆紫色，此名金剛子，堪作數珠，金剛部念誦人即用此珠，甚堅硬。」

在《金剛頂瑜伽念珠經》中說，以金剛子作成念珠來持誦，可獲俱胝福，而此經及《諸佛境界攝真實經》中都說，金剛部當用金剛子念珠來修持。

除了上述的意義之外，金剛子具突粒的表面，來修行持誦時，除了修持的功德之外，也能刺激末稍神經的功效，兼具修行養生之效。

## ◎蓮子念珠

蓮子是指蓮花的種子，在《校量數珠功德》經中說：「若用蓮子為數珠者，誦掐一遍得福千倍。」

蓮花生長於沼澤之中，夏季開花，自古以來在印度最受珍視，往往引喻為清淨、尊貴等具光明美好的象徵。如在佛教阿含經典中，將水面上清純的蓮花，比喻為超脫染污世間的聖者；或將蓮華上水珠滴落的情形比做憂愁的消失。而在印度一般人也將蓮花視為創造神話的植物，或做為神的象徵。

在印度史詩《摩訶婆羅多》中就記載，毗濕奴天神的臍中生出蓮花，花中有宇宙的創造者梵天結跏趺坐，創造萬物；又以蓮花代表毗濕奴及其配偶神。

印度以蓮花為國花。在吉慶的時候，印度人往往在儀式中以蓮花為裝飾。譬如結婚典禮時，蓮花就常被取為飾物；印度政府的最高級勳章，也被稱為「蓮花之飾」。

釋迦牟尼佛成道的聖地，菩提迦耶大塔右端，也有蓮花形狀的石台臚列。這些蓮台源自釋尊成道後經行時，從其足跡自然會生出蓮花的傳說。

佛教的宇宙觀和蓮花也有密切的關係。《華嚴經》的華藏世界品記載，毘盧遮那如來的華藏莊嚴世界海，是住在香水海的蓮花中。

在原始聖典中，常用蓮花來譬喻聖者，而在大乘佛教中則以此來象徵著菩薩。在《維摩詰所說經》中說，就如同蓮花不會生長在高原、陸地上，而是生長在卑濕的淤泥中，以此來比喻見無為法而入正位者，始終不生佛法，只有在煩惱的汙泥中，也就是眾生中，才能生起佛法。

佛中所提及波頭摩花、優鉢羅花、泥盧鉢花、拘勿頭花、芬陀利花，都是蓮花的一種。

蓮子念珠

在佛教中，蓮花更是十分受到珍視的植物，如佛及菩薩大多以蓮花為座。《觀無量壽經》記載，阿彌陀佛及觀音、勢至二菩薩等，都坐於寶花華上；眾生臨終時，佛菩薩等持蓮臺來迎九品往生之人。後世佛、菩薩等像，大多安置於蓮花臺上；而蓮花也常作為供養佛菩薩的莊嚴具。

由於蓮花出污泥而不染，清淨微妙，所以佛經中常以其為譬喻，如《中阿含經》卷二十三〈青白蓮華喻經〉中，以蓮華生於水中而不著於水，來比喻如來出於世間而不著世界：「猶如青蓮華、紅赤白蓮華，水生水長，出水上不著水，如是如來世間生世間長，出世間行，不著世間法。」

《攝大乘論釋》卷十五中，以蓮花的香、淨、柔軟、可愛四種特德，比喻法界真如的常、樂、我、淨四德。又如以妙法蓮華、華嚴來比喻法門；《華嚴經》、《梵網經》等有蓮華藏世界之說：密教也以八葉蓮華為胎藏界曼荼羅的中台；以蓮華表示眾生本有之心蓮。

密教胎藏界三部是指佛部、蓮華部、金剛部，蓮花部有稱觀音部、法部，略稱蓮部，代表眾生本具清淨菩提心之理德，又表示如來大悲三昧之德。眾生本存自性清淨之心，雖於六道四生、迷妄界等生死泥中流轉，但是本有之淨菩提心亦不染不垢，猶如蓮華之出污泥而不染，所以稱蓮華部。

由於蓮花具足種種功德莊嚴，因此，以蓮子念珠來修持，自然具足種種功德。如：在《除蓋障菩薩所問經》卷九記載，蓮花出於污泥而不染，妙香廣布，令見者喜悅、吉祥，因此以蓮花比喻菩薩所修的十種善法。即：

(1)遠離染污：菩薩修行，能以智慧觀察一切境，而不生貪愛，雖然處於五濁生死流，也無所染著，譬如蓮花之出污泥而不染。

⑵不與惡俱：菩薩修行滅除惡業生起善業，為了守護身、口、意三業的清淨，而不與絲毫之惡共俱，譬如蓮花，雖然只是一點微滴之水也不會停留花在上。

⑶戒香充滿：菩薩修行，堅持一切戒律而無毀犯，由於此戒能滅除身口之惡，如同香能除去糞穢的臭氣，譬如蓮花妙香廣布，遠近皆聞。

⑷本體清淨：菩薩雖然處於五濁惡世之中，但因持戒的緣故，得使身心清淨無有染著，譬如蓮花雖然處於污泥中，但是自然潔淨而無染著。

⑸面相熙怡：菩薩的心常住安住禪悅，諸相圓滿，使見者都心生歡喜，譬如蓮花開敷時，使一切見者都心生喜悅。

⑹柔軟不澀：菩薩修習慈善之行，但是於諸法也無所滯礙，所以體常清淨，柔軟細妙而不粗澀，譬如蓮花體性柔軟潤澤。

⑺見者皆吉：菩薩的善行成就，形相莊嚴美妙，見者皆獲吉祥，譬如蓮花芬馥美妙，使見者及夢見者皆吉祥。

⑻開敷具足：菩薩修行功成，智慧福德莊嚴具足，譬如蓮花開敷，花果具

足。

(9)成熟清淨：菩薩妙果圓熟而慧光發現，能使一切見聞者，皆得六根清淨，譬如蓮花成熟，如果有人眼睹其色，鼻聞其香，則諸根亦得清淨。

(10)生已有想：菩薩初生時，一切天人皆喜悅意樂護持，因為了知菩薩必能修習善行，證菩提果，譬如蓮華初生時，雖然尚未見花，但是眾人都生起已有蓮花之想。

此外，袈裟也稱為蓮花衣、蓮華服，乃取蓮花清淨無染之義。在《釋氏要覽》卷上中說：「袈裟名離染服，（中略）又名蓮華衣，謂不為欲染故。」

蓮花在佛法中具有如此重要的地位，象徵種種善法，因此，以蓮子作為念珠來持誦，自然獲福無量。

# 香木類念珠

## ⊙檀木念珠

檀木即指栴檀木，又作旃檀，在在念珠的材質上，有所謂「香木」，大多是指檀木及沈木所製成之念珠。《本草綱目》稱為白檀或檀香。

栴檀屬栴檀科，是產於熱帶的常綠中喬大，屬於半寄生性的植物。在幼苗期能單獨生長，稍稍長大之後，寄生在稻科或葵科的植物上，後來在根部長出直徑三～十五公釐的吸盤，寄生在各種樹根上。

栴檀樹的葉是以一、二寸鎗鋒狀對生，花作房狀。果實是球形果，大如蠶豆，成熟之後則呈黑色，汁液豐富。果核非常堅硬，豎起來則有三凸稜。栴檀樹的莖幹通常高達二、三十呎，木質密緻有香味，除了作為念珠之外，栴檀也常作雕刻或製成佛具；根部如果研磨成粉末，則可以作香，就是栴檀香或稱檀香。也可製成香油，稱之為檀油。

栴檀樹的種類，在《慧琳音義》卷三、《慧琳音義》卷上都說有白，赤二種。《慧琳音義》中又說：「栴檀，此云與樂，謂白檀能治熱病，赤檀能去風腫，皆是除疾身安之藥，故名與樂也。」栴檀是「予樂」的意思，因為白檀能治熱病，赤檀能去除風腫，都是能去除疾病，使身體安樂的妙藥。

《玄應音義》卷二十三中也說有赤、白、紫等數種栴檀，又有牛頭栴檀、蛇心栴檀兩種，前者呈灰黃色，香氣濃郁，自古以來經常用來雕刻佛像，例如優填王即是以牛頭栴檀彫刻佛像。

在印度西岸的西格茲山系一帶，自古就是栴檀的一大產地。除了做為香料使用以外，栴檀也用來畫在額頭上，作為表示宗派或階級的染料。

根據《大明一統志》所記載，廣東、雲南及嶺南諸地都有出產栴檀。此外，爪哇、泰國及印度德干半島等也有生產。

在佛經中，也常以栴檀妙香於眾香中的殊勝，來表示大乘菩薩出特於小乘聖者。在《頂生王因緣經》卷三中說：「譬如有人其身臭穢，雖以旃檀沈水香等，種種塗身猶不能香，如是不勤求聲聞、辟支佛乘，不斷惡業，乃至邪見，如果以

檀木念珠

摩訶衍大乘香塗，猶故不香。」

經中比喻就像有人身體臭味污穢，雖然用旃檀，沈水等種種殊勝妙香加以塗身，還是無法感到芬芳，就如同求道之人不斷惡業乃至邪見，身心充滿臭穢，即使外表以摩訶衍大乘香來塗身，還是沒有用。而栴檀也常代表香中殊勝者，與修行之戒香作比喻。

佛經中也以栴檀之樹、根、華俱香，來比喻菩薩的行持如同風吹草偃，見聞者無不受到感化，隨順同行。

在《菩薩本緣經》〈月光王品第五〉中說釋迦牟尼佛往昔為月王王時，修菩提道：「當于爾時，國中人民無有持刀杖者，悉皆隨王奉行十善，（中略），如旃檀樹根華俱香，是月光王令諸人民等行十善亦復如是。」

由於栴檀木極香，經常用於雕刻佛像。相傳最早的佛像雕刻就是以栴檀木所雕。

在《增一阿含經》卷二十八記載，佛陀成道之後，至忉利天為佛母摩耶夫人說法，當時，憍賞彌國優填王非常思慕佛陀，於是請毗首羯摩天造佛陀形像，這是世間有佛像之始。相傳優填王造像的同時，波斯匿王造金像，但是法顯於《佛國記》中卻記載，波斯匿王所作係牛頭旃檀木佛像，保存於祇洹精舍。在《西域記》卷五中，也記載憍賞彌國有高六十尺之大精舍，內安置優填王下令雕造的旃檀像。

自古以來，印度就風行以栴檀雕造佛像。例如《不空羂索陀羅尼經》中記載觀世音菩薩像之造法：「或用木作，亦以白檀，或紫檀香、檀木、天木。」此外，中國、日本等地亦流行以白檀木刻佛菩薩之聖像。依《入唐求法巡禮行記》卷一所記載，圓仁入唐時，曾經到台州開元寺瑞像閣參拜白檀釋迦像。

而在栴檀中又有所謂的「白栴檀」，又稱為白檀香樹，產於印度的香樹，由於木材身帶白色，而有此稱。栴檀樹樹身可以製成香，稱為白檀香或白旃檀香。在《大唐西域記》卷十中〈秣羅矩吒國〉條下記載：

「國南濱海有秣刺耶山，崇崖峻嶺，洞谷深澗，其中則有白檀香樹、栴檀．婆樹，樹類白檀，不可以別。唯於盛夏登高遠瞻，其有大蛇縈者，於是知之。猶其木性涼冷，故蛇盤也。既望見已，射箭爲記，冬蟄之後，方乃採伐。」文中說秣羅國的海邊有秣刺耶山，其中有白檀香樹，但又有其他相類似的樹木，無法分辨，只有在夏天的時候，登於高處望之，則會看見有大蛇縈繞於白檀木之上。這是因為白檀木性涼冷，所以蛇類喜歡盤於其上，當地人就以箭遠遠射此樹，做下記號，等到冬天大蛇冬眠之後，再來伐木。

《法苑珠林》卷三十六〈華香篇〉也記載僧人成藤於山中見到巨大旃檀樹之事：「竺法真登羅山疏曰：栴檀出外國。元嘉末，僧成藤於山見一大樹，圓蔭數畝，三丈餘圍，辛芳酷烈，其間枯條數尺，援而刃之，白栴檀也。」在元朝末年，有僧人在山中看見一顆大樹，樹蔭覆蓋好幾畝，樹圍圓周達有三丈多，而且發出非常濃烈的香味。當時地上有一些枯條，僧人取來切開來看，原來是白栴檀樹。

以栴檀木製成的念珠，香味濃郁，加上持念時以手指摩擦生熱，更使持念者身上都染上檀木的香味，因而受到許多佛教徒的喜愛。

## ◎沈木念珠

香木所製成的念珠中，沈木可說是上首之選。

由於沈香樹木心堅實，投入水中即下沈，所以稱為沈香樹。

沈香樹木的材質很重，顏色呈青白色，味道非常芳香。當沈香樹腐朽或是遭到砍伐的時候，其中心木質會滲出黑色樹脂，這就是所謂「沈香」，是香材中的最上品級。

《法苑珠林》卷三十六中記載：「南州異物志曰：『木香出日南，欲取當先斫壞樹，著地積久，外白朽爛，其心中堅者置水則沈香，其次在心白之間，不甚堅精。置之水中，不沈不浮，與水平者，名曰笩香，其最小笩白者，名曰槧

沈木念珠

香。」文中說木香出產在日南，要取木香，須先將樹砍傷，經過一段時間之後，外皮朽爛，中心堅硬的部分投入水中即沈入其中，所以稱為沈木。而其中又依沈入水中的程度，有沈木、棧香、槧香等名稱。

其中又引《顧微廣州記》中說：「新興縣悉是沈香，如同心草，土人斫之經年肉爛盡，心則為沈香。」

根據《增廣本草綱目》卷三十四「沈香」條中記載，沈香樹所製的沈香會因產地、色澤、形狀等不同，而有等級之別，其名稱也有蜜香、香沈、舶沈、藥沈、海南沈、上沈香等多種。

在唐・馮貴依《南部煙花記》及《本草綱目集解》中則認為沈、雞骨、黃熟、雞舌、棧、青桂、馬蹄等各種香，其實是同出於一樹。其中，木心與節堅固，色黑，能沈於水中者稱沈香；半沈於水中者稱為雞骨香；樹根稱為黃熟香；樹幹為棧香；細枝堅實未爛者為青桂香；根節輕而大者為馬蹄香；花無香氣，結實乃香者稱雞舌香。

沈香之香氣優於諸香，而且可供藥用，可以治療風水腫毒，古來就是價值很高，備受重視的香品。

在《中阿含經》卷第十五・三十喻經中，以國王及大臣身上所塗的木密、沈水等香，來比喻比丘以戒德為香：「舍梨子！猶如王及大臣有塗身香、木蜜、沈水、栴檀、蘇后、雞舌、都梁。舍梨子！如是，比丘、比丘尼以戒德為塗香。舍梨子！若比丘、比丘尼成就戒德為塗香者，便能捨惡修習於善。」經中說明，就如同國王及大臣，會以木蜜、沈水、栴檀等妙香塗身，而比丘、比丘尼以清淨戒德為塗香，如此就能捨離惡事，修學一切善法。

《大智度論》卷三十中，並提到飲食、衣服、塗香等資身莊之具：「若慈念眾生，以飲食為先，次以衣服；以身垢臭，須以塗香，次以臥具；寒雨須房舍，黑闇須燈燭。（中略）燒香者，寒則所須，熱時為患；塗香，寒、熱通用，寒時雜以沈水，熱時雜以栴檀以塗其身，是故但說塗香。」論中說，如果慈念眾生，應當以飲食、衣服、塗香、臥具、房舍、燈燭等供養眾生。而冬天的塗香加一些沈水香，夏天的就加栴檀香。

除了製成香品外，沈木也是極珍貴的藥材。在《本草綱目》中記載，沈木可以去惡氣，治心、腹痛，可治邪鬼，使人神智清明，益氣和神。

由於沈木極為珍貴，而以沈木製成念珠，更加珍貴。沈木念珠經過手指摩擦、掐念，內含的沈油會逐漸浮上表面，持念越久，香味就越濃郁，持念者不但身上薰上沈香的味道，也能僻除邪氣，安定心神，是極為珍貴的念珠。

# 寶石、玉石類念珠

## ⊙水晶念珠

水晶在佛教的寶物中佔有重要的地位，在《增廣本草綱目》卷八中說，水晶又稱為水玉，這是由於其晶瑩如水，堅硬如玉的緣故。

當初佛陀到忉利天為摩耶夫人說法，即將回到人間時，帝釋天王即命天匠從須彌山頂的忉利天，造三道寶階，從天上直達人間，這三道寶階分別由金、銀、水晶所打造而成。在《阿閦佛國經》〈弟子學成品〉中也記載，阿閦佛國的妙喜淨土也有三道寶階，人間與天上可以相互往來。

水晶的晶瑩清澈，純粹且沒有雜質，在經典中也常被用來比喻清淨的法性。例如，在《大乘瑜伽金剛性海曼殊室利千臂千缽大教王經》卷四中就說：「是故菩薩發大悲，適然清淨，住佛三昧，得此三昧了見身心，根本自性淨如琉璃，瑩徹無障，名入淨土。（中略）惟願如來覆護我者，今對世尊則入三昧，乃見自性

水晶念珠

心如水精，映徹內外悉皆清淨，明性了見諸佛淨剎，同我體性無有別異，是名覺了自體清淨。得入淨土。」

而水晶也被用來比喻密法中大手印的境界。大手印有所謂的三相、五喻，三相是平等、舒展、弛緩，平等是指無所計執，舒展謂放任寬坦而不加整治，弛緩是指不加功用。

而五種比喻分別是以虛空、大地、山王、燈燭、水晶來比喻大手印的五種相貌：「境相寬坦如虛空，正念周遍如大地，心住不動如山王，自證明了如燈燭，淨識無分別如水晶。」

而在《金剛三昧經論》卷三中，引

《本業經》中，以水晶比喻一切智地。經中說：「佛子！水精瓔珞內外明徹，妙覺常住，湛然明淨，名一切智地。」

此外，《大乘瑜伽金剛性海曼殊室利千臂千缽大教王經》卷五中，也以水晶來比喻眾生本來清淨的自性：「諸大菩薩摩訶薩身心聖智性同一體，亦同聲聞緣，覺四部眾等身心淨智性同一體，亦同諸天大梵王等身心淨智性同一體，亦同龍神八部及一切眾生等身心淨智性同一體，智慧清淨無有別異，猶如水精內外明曉更無有異，本來清淨自性真如，寂靜無為以無所得。」

而在《佛說施餓鬼甘露味大陀羅尼經》卷一中，也記載著以水精摩尼寶珠的觀想法來幫助餓鬼的修法。行者觀想手印上有一顆水精摩尼寶珠，放水精光照觸一切餓鬼，一切猛火皆悉不燃，水精光明遍入諸鬼口，沒諸鬼煙喉皆得通暢平息達離一切苦惱。

而在《方等大集經》中，則以水晶摩尼寶珠來修持佛立三昧中道觀法。經中說：「若欲成就諸佛現前三昧，隨所念處即見如來，如取清油、淨水、水晶、明鏡，用是四物觀己而像，善惡好醜影現分明，而彼現象，不從四物出，亦非餘處來，非自然有，非人造作。當知彼像無所從來，亦無所去，無生無滅，無有住所。菩薩亦爾，即復思惟；今此佛者，從何所來？而我是身，復從何出？觀彼如來，竟無來處及以去處，我身亦爾，本無出處，豈有轉還？

彼復應作如是思惟：今此三界，唯是心有，何以故？隨彼心念，還自見心，今我從心見佛，我心作佛，我心是佛，我心是如來，我心是我身，我心見佛。心不知心，心不見心，心有想念，則成生死；心無想念，即是涅槃。所思既滅，能想亦空。當知，菩薩因此三昧，證大菩提。」

經中教行者以清油、淨水、水晶、明鏡來觀察其中的映相，善惡好醜影現分明，但是其中的影像卻不是中其中出，不是自然有，非人造作無所從來，也無所去，無生無滅，無有住所。菩薩依此思惟，還照本心，而入於涅槃。

在《大聖妙吉祥菩薩秘密八字陀羅尼修行曼荼羅次第儀軌》卷一中，也記載著行者觀想自身成為水晶杵的修法：「

「先合金剛掌，十度外相交，五輪皆委地，至誠恭敬禮，

復以長跪坐，合掌似含蓮，觀身如水精，吽字加三處，

想成五智杵，所謂內金剛，而爲不壞體，然虔誠奉請。」

經中教行者合掌之後，行五體投地大禮拜，起身之後，合掌觀想自身明徹如水晶，以吽字加持三處，再觀自身成為五智杵，即是所謂內金剛，為不壞之體。

由於水晶代表著清淨法性，所以在《陀羅尼集經》卷二中，說在金、銀、赤銅、水精四種念珠中，水精（水晶）念珠持念功德最為殊勝。為什麼呢？經中說：「其水精者，光明無比，淨無瑕穢，妙色廣大，猶若得佛菩提願故。洞達彼國一如珠相。以是義故稱之爲上。把其珠掐，亦能除滅念誦行者四重五逆眾罪業障所有報障，一切惡業不能染著，爲珠光不受色相。」

這是以水晶光明清淨，無有瑕穢，清淨妙色廣大週遍，就如同得證諸佛菩提大願，清淨洞澈彼佛國土，如同水晶珠一般，所以說水晶念珠的功德最為第一。以水晶念珠持誦，能除滅行者四重五逆眾罪業障，一切惡業不能染著，就如同萬物映於水晶珠上，水晶珠卻不會被其所沾染。經中又說，以水晶作數珠持誦咒語者，眾罪悉皆消滅，如同水晶珠晶瑩映徹，自身也是如此。以水晶數珠來持誦，可通用於一切佛、菩薩、金剛、天神等本尊修法。

在水晶念珠中，黃水晶是常見的一種。但一般市面上常見的黃水晶，大多是由紫水晶經過熱處理之後而成的黃晶，真正天然的黃水晶，其代表性產地為巴西，由於數量極為稀少，價格昂貴，無法普遍被使用。

由於黃色在息、增、壞、珠四種護摩法中，屬於增益法的顯色，所以被視為黃金、財富的象徵。而在五行中，黃色也對應土，對腸胃有相應的功效。

而在密教地、水、火、風、空、識六種宇宙構成基本元素之中，黃色則是地大的顏色，地大的特性是堅固，任何物質具有佔有空間質礙的性質者，都屬於地大元素，而地與「田地」也有相應之意，所以黃色也代表大地的寶藏。

晶黃透徹的黃水晶，自然容易讓人與黃金財富、寶藏產生聯想，而成為吉祥富足的幸運象徵。以黃水晶念珠來持誦，也就經常被運用在財寶法、增益各種福、財富的修法上，十分吉祥。

除了透明的水晶之外，髮晶也是常見的水晶之一，髮晶的代表性產地巴西及非洲，其形成是由於水晶包含不同種類的礦石針狀內包物，看起來好像包裹著髮絲在裡面，因此而被稱為「髮晶」。一般常見的髮晶，是含有金紅石，呈金色、紅色、銀白色髮晶，「鈦金髮晶」，含有黑色電氣者呈黑色髮晶，含有陽起石者，則呈綠色髮晶。

由於髮晶所呈現出的奇幻景象，除了經常被用來作為莊嚴的手珠持誦之外，也兼具養生與莊飾的作用。水晶除了做為手珠、念珠之外，比較特別的是被製成坐墊，除了可以消除疲勞，據說也可以按摩臀部，活絡肌肉、筋骨、氣血，改善痔瘡。

水晶做的念珠，除了持誦之外，也可以用來做為練習內臟吐氣的修練法，針對五行與內臟的配置，肺屬金，對照為白色，所以可以利用水晶來修持。

除了黃水晶和髮晶之外，水晶念珠的種類繁多，加上現代人大量運用於風水命理，所以許多人都會依不同的祈願和需求，選擇不同的水晶念珠來佩戴。一般而言，常見的水晶念珠有下列幾種：

紫晶念珠：被認為可以開發智慧，能使細胞活絡，有助於精神集中，改善睡眠品質，是讀書、腦力工作者最佳守護寶石。

粉晶念珠：又名芙蓉晶，其柔和的粉紅光澤被視為輔助改善人際關係的幸運

各式的水晶念珠

色，使業務更加興旺，帶來愛情，也有穩定情緒的效果。

白水晶念珠：白水晶被認為是集中注意力、增長記憶的功能，又被稱為「晶王」。能鎮宅避邪，改善居家環境；增進身體健康，淨化身心，常被用於修持或供佛。

綠幽靈念珠：綠幽靈水晶中的綠光是植物生長的顏色，被視為可聚集財富，因此有幫助業務擴展，加上綠色為五行中木之色，也被認為能強化肝臟功能。

黃水晶念珠：黃色為增益法的顯色，黃水晶的黃光被視為財富的象徵，加上黃色為五行中土之色，也被認為能強化腸胃消化功能。

髮晶念珠：被認為能增加抗壓力，也可去除病氣。

鈦晶念珠：閃閃發亮的金黃髮絲，象徵著尊貴與財富，是髮晶中的極品。

茶晶（煙水晶）、墨晶念珠：由於茶晶和墨晶的顏色偏黑色，對應於五行中水的顏色，所以在坊間被視為增進腎臟功能、免疫功能，調解血氣、活化細胞，減慢老化的速度。

種類豐富的水晶念珠，現在儼然成為念珠材質的大宗，一般配戴念珠祈求平安者，大都會依個人的需求及喜好，選擇不同的水晶念珠，祈願心想事成。

## ⊙珊瑚念珠

珊瑚的（英文名 Coral），珊瑚是重要的有機寶石之一，也是古今中外深受喜愛的寶石品種。古羅馬人認為，珊瑚具有防止災禍、開啟智慧、止血和驅熱的功能，而珊瑚與佛教的關係更是密切，除了製成念珠之外，珊瑚也常作為供佛的吉祥物，或用於裝飾佛像，是極受珍視的首飾寶石品種。

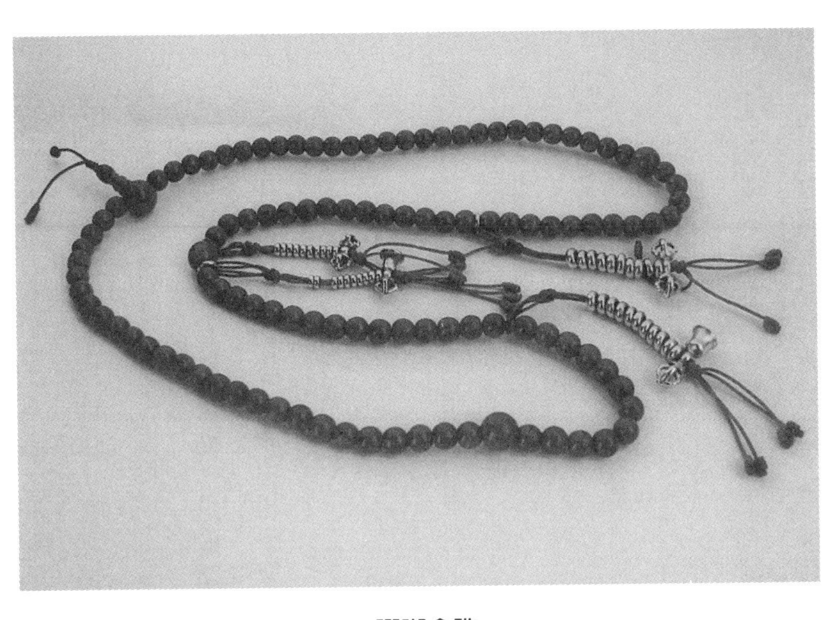

珊瑚念珠

滿清末年，達賴喇嘛與班禪喇嘛所獻給慈禧太后的兩串念珠，就是粉紅色的珊瑚念珠。

珊瑚產於溫暖海洋地區，造礁珊瑚蟲在近岸相當淺的暖海中生長，通常距水面三十米生長最旺盛。地中海是著名的珊瑚產地，非洲的紅海素以多珊瑚礁著稱，另外還有西班牙、日本小笠原群島至硫球群島海區、台灣基隆和澎湖列島也都有高品質的珊瑚。

珊瑚是一種海生圓筒狀腔腸動物，名叫「珊瑚蟲」，在白色幼蟲階段便自動固定在先輩珊瑚的石灰質遺骨堆上。珊瑚依靠自己的觸手來捕捉食物，並分泌出一種石灰質來建造自己的軀殼。在生長過程中，為了能更多地捕捉食物和吸收陽光，除向上生長外，還向前後、左右擴展，形成在三度空間似樹枝狀的生物群體，是天然藝術品。

珊瑚的品種有紅珊瑚、黑珊瑚、藍珊瑚、地中海珊瑚、日本珊瑚、喀麥隆珊瑚、中國海南珊瑚等。顏色和硬度是選購珊瑚的標準，好的珊瑚顏色要求美麗、鮮艷而純正，塊度越大越好。

造型好的珊瑚常做觀賞石，也可以做雕刻藝術品的原料或加工成項鏈、戒指、手鐲、胸針、耳墜等。此外，珊瑚可以作藥用，「珊瑚藥酒」是一種極好的補藥，能排汗利尿。

## ⊙硨磲念珠

硨磲是指深海的巨大蚌殼，（梵名 musāragalva）。為佛教五寶、七寶之一。又作車渠、紫色寶、紺色寶。音譯作麻薩羅揭婆、牟娑羅揭婆、牟沙羅。據《增廣本草綱目》卷四十六載，車渠乃海中大蛤，外殼上有似壟之紋，如車輪之渠，

硨磲念珠

其殼內白晰如玉，後世多以白珊瑚及貝殼所製之物為硨磲。

硨磲一詞始於東漢時代，後人以白色珊瑚和白色貝殼製成物品，其成品觸摸有清涼之感，這些通稱為硨磲。硨磲（英文名 Organic Gems），由於其紋理很像車輪的形狀而得名。主要分布在太平洋和印度洋海域中，通常生長在海底約一百公尺到二千公尺的熱帶珊瑚礁間。在深海中經千百年受到大自然如海流、光線、水壓、溫度的變化，以及沉澱物等因素而形成海中化石。

目前出現過最大的硨磲，重量可達一百公斤以上，必須以吊車來拿取。硨磲的井帶有彎曲織密紋理，像年輪一般代表其在深海中的生長年紀。由於其形成所需時間極長，數量有限，所以極為珍貴。

在佛教中，硨磲更是七寶之一，是個人修持及供養菩薩的殊勝寶物，加上其純白度為世間之最，因此用硨磲製作的佛珠，更顯得潔淨莊嚴而珍貴。

硨磲經常被用來作為修持的念珠及法器，在《金剛瑜伽念珠經》中說；以硨磲念珠修持，可獲一倍福德。而硨磲純白的顏色，在密法中更被視為、息、增、懷、誅等四法中息災法的顯色，是息除一切災障的象徵。

此外，硨磲也被視為是僻邪的祥瑞之物，由於硨磲經歷千百年在海中蘊育生長，而被視為蘊含了大海的精華，例如，在《本草綱目》中就記載硨磲具有鎮心、安神等功效，因此長期配戴具有改善失眠、增強免疫力、防止老化、穩定心律等功效。

硨磲念珠雪白的顏色，象徵著潔淨莊嚴，但是如何保養而能保持其潔白如新呢?由於硨磲與珍珠及珊瑚的成份都是碳酸鈣所形成的有機寶石，硬度很低，因此不可接觸強酸、強鹼及強壓或摔、撞。

如果配戴後要清潔，可用清水或礦泉水沖洗乾淨，用細軟布擦乾即可。如果有卡到污垢時，可用一點點中性沐浴乳稀釋後洗滌，再用過濾後的用清水或礦泉水沖淨，擦乾淨即可。

如果要消除戴過的硨磲念珠所吸收的病氣，可將硨磲置於佛堂上供奉，並以品質良好的薰香淨化即可。

## ⊙琥珀念珠

琥珀（英文名Amber），意思是「精髓」。琥珀是第三紀松柏科植物的樹脂，經地質作用掩埋地下，經過長久的地質時期，樹脂失去揮發成分，並聚合、固化，形成琥珀。

在《四分律行事鈔資持記》卷八中，引《博物志》中說：「松脂入地千年，化為茯苓，茯苓千年化為琥珀。」琥珀的形狀多呈餅狀、腎狀、瘤狀、拉長的水滴狀，和其它不規則的形狀，屬非質體。顏色多呈黃色、橙黃色、棕色、褐黃色或暗紅色，淺綠色和黃色、淡紫色的品種極為罕見。

琥珀的油脂光澤，透明至半透明。性脆，具貝殼狀斷口，為有機物，加熱到150℃即軟化，250℃—300℃熔融，熔化時會散發出芳香的松香氣味，琥珀常含有昆蟲、種子和其它包裹體。

中國根據琥珀的不同顏色、特點，劃分的品種有金珀、血珀、蟲珀、香珀、靈珀、石珀、花珀、水珀、明珀、蠟珀、密臘、紅松脂等，其中金珀為珍貴的優質琥珀。

除此之外，一般又以是否包裹含昆蟲的琥碧來評斷價值，俗稱「琥珀藏蜂」。其案，一般以內含昆蟲來分辨真偽者，也不一定能辨別真正的天然琥珀，因為這種樣態，可以捉捕於珐巴樹脂內來偽造，珐巴和高利樹膠的性能和外觀非常近似琥珀，也可以製成內含昆蟲的樣態。琥珀也依其內含的昆蟲的清晰程度、形狀大小、顏色決定其經濟價值，其中以顏色濃正，且無雜質者為佳，顏色又以綠色和透明紅色為最好。琥珀多用來製成串珠、佛珠、雕刻品等。

琥珀也是一種古老的寶石飾品材料，作為寶石，也有近六千年歷史。在中國、希臘和埃及的許多古墓中，都曾出土過用琥珀製成的飾品。古羅馬的婦女，

密臟念珠常做為增益法的修持念珠

有將寶石拿在手中的習慣，現為在手掌的溫度下，琥珀受熱會發出一種淡淡的優雅的芳香。古羅馬人賦予琥珀極高的價值，一個琥珀刻成的小雕像比一名健壯的奴隸價值都高。此外，琥珀還能夠消痛鎮驚，有的地方風俗會在小孩胸前載一串琥珀，以此驅邪鎮驚。

琥珀燃燒時會發出一種特殊香味，經過快速擦拭時，會變成電氣石，能吸引小紙片或其他輕物體。

在佛教中，琥珀也是珍貴的寶物之一，例如：《無量壽經》中並將金、銀、琉璃、水精、硨磲、珊瑚、琥珀、共列為七寶。在《陀羅尼集經》卷四中，也將琥珀與金、銀、真珠、珊瑚並列為五寶之一，並以五寶代表一切寶物。

密教在造壇修法時，將五寶與五藥、五香、五穀共埋於壇城下的中央及四方，作為五部塔婆，也代表地神的寶藏；或是在灌頂時，將其貯存於大壇的五個寶瓶中，表示開啟清淨菩提心，而開發五智之德。在《大日經疏》卷四中說：「即穿漫荼羅中心深一肘許，用成辦諸事真言，加持五寶、五穀、五藥安置其中。（中略）應取欲灌頂瓶，貯以淨水勿令大滿，插諸花果，中置五寶穀藥，於埋寶處置之。」

琥珀念珠應如何保養呢？以下幾點提供讀者參考：

1. 琥珀的熔點低，易熔化、怕熱，怕曝晒，所以琥珀念珠應避免太陽直接照射，不宜放在高溫的地方。

2. 琥珀易脫水，過份乾燥也容易產生裂紋。

3. 琥珀屬有機質，易溶于有機溶劑，如指甲油、酒精、汽油、煤油、重液中，不宜放入化妝櫃中。

4. 琥珀性脆，硬度低，不宜受外力撞擊，應避免磨擦、刻劃，防止劃傷、破碎。

## ⊙黑曜岩念珠

黑曜岩（Obsidia）代表產地為墨西哥、印尼、菲律賓、美國、澳洲。

黑曜岩是火山熔岩的一類，也是天然的火山玻璃。岩漿從火山口噴出以後，遇到冷空氣急速冷卻，來不及結晶，而形成一種無結晶的塊狀岩石，由於黑曜岩蘊含著火山的強大能量，加上其烏黑閃亮的美麗造型，近年來也被運用來製做念珠。

黑曜岩中又有所謂的「彩虹黑曜岩」，這是由於有的黑曜岩在固化之前有一些小水泡尚未逸散出去，在表面形成環狀紋眼，光線一照，即會反射出如彩虹般的色彩，非常美麗，屬於黑曜岩中的特選。

由於黑曜岩是火山熔岩所形成，所以有些人認為其蘊含強大能量，而常被製成胸墜，隨身配戴，作為護身符、辟邪之物。

而對於腎臟不好的人，或是有腎臟方面疾病者也可以配合黑曜岩的顏色來觀

黑曜岩念珠

想修持：首先可以觀想腎臟變成明亮清淨的黑色，就像黑曜岩一樣，像太陽一樣光明，像水晶一般透明，像彩虹一樣沒有實質，腎臟自然呼吸，讓腎臟所吸進來的和呼出去的氣息，都是潔淨、透明的黑珍珠光明，或是很深的綠色，宛如黑森林一般透明的翡翠寶石，使我們的腎臟自然健康。這個方法可以輔助來改善腎臟的疾病，至於腎臟無病的人，也可以增強腎功能。

而在佛教修持法中，如果是以黑色為顯色的本尊，也可以用黑曜岩念珠來持誦。

## ⊙其他類念珠

除了前述的材質之外，常見的念珠材質還有象牙或其他獸骨等。

象在佛教中是極為吉祥的動物，經典中以象王比喻如來，例如釋迦牟尼佛入於母胎是，也是化作六牙白象，象徵菩薩體性柔和而且具有大勢力，而具足無量行願的普賢菩薩更以白象為座騎，因此，以象牙製成的念珠，自然也使人憶起諸佛菩薩廣大難思的威力。但近代由於動物保育意識高漲，即使是取死亡之象牙所製成的念珠也較為少見。

此外，藏密特有的頭骨念珠，相傳是以修行大成就者之頭骨製成，象徵著不畏生死、超越輪迴。

無論是何種材質的念珠，都是幫助行者精修持的法器，只要一心恭敬持誦，都能獲致不可思議的功德！

# 第四章 以念珠爲持物的本尊

佛菩薩、本尊的持物中，念珠是常見的持物之一。

由於念珠是用來計算稱名、持咒數量的法具，所以也象徵著精進修持不懈。

再加上不同念珠顆數分別代表著不同的意義，如：一〇八顆念珠，象徵百八三昧，斷除眾生百八種煩惱，也象徵著金剛界一〇八尊；而五十四顆則分別代表菩薩至成佛前的五十四個修行階位，二十一顆代表十地、十波羅蜜及佛果地；十四顆代表觀音的十四無畏……，使小小的一串念珠，含容了無限豐富的修行意含，這也使修行者在持誦憶念時，含攝了從最根本實際的修持，乃至無上圓滿的佛果。

## 以念珠為持物的本尊

| 本尊 | 持念珠之手 | 出處 |
| --- | --- | --- |
| 千手觀音 | 數珠手 | 《千光眼觀自在菩薩秘密法經》《大悲心陀羅尼經》 |
| 十一面觀音 | 右第二手 | 密教胎藏現圖曼荼羅 |
| 如意輪觀音 | 右第三手 | 《如意輪瑜伽念誦法》 |
| 準提觀音 | 右第九手 | 《七俱胝佛母所說準提陀羅尼經》 |
| 不空羂索觀音 | 右第一手 | 胎藏界觀音院 |
| 馬頭觀音 | 右二手 | 《大聖妙吉祥菩提祕密八字陀羅尼修行曼荼羅次第儀軌法》 |
| 四臂觀音 | 右下手 | 藏傳佛教 |
| 毗俱胝菩薩 | 右二手 | 胎藏界曼荼羅 |
| 火天 | 左手 | 《大日經疏》 |

而手持念珠的佛菩薩、本尊等，則是從果地含攝了因地修持的行者，慈悲護念攝受行者入於無上圓滿的佛果。以下介紹持念珠的本尊。

# 千手觀音

千手觀音（梵名 Avalokitesvara-sahasrabhuja-lo-cana），是指具有千手、千眼，每一手掌各有一眼的觀音菩薩，又稱千手千眼觀世音。

千手觀音的「千」，是代表無量、圓滿之義。也就是「千手」象徵此觀音大悲利他的方便無量廣大，「千眼」象徵他應物化導時，觀察機根的智圓滿無礙。

在《千光眼觀自在菩薩秘密法經》中說：「大悲觀自在，具足百千手，其眼亦復然，作世間父母，能施眾生願。」

而千手觀音在六觀音中，是主救度地獄眾生的怙主。為什麼觀音菩薩會有千手千眼呢？根據《大悲心陀羅尼經》所記載，在過去無量億劫有千光王靜住如來出世，因為憐愍一切眾生，所以宣說廣大圓滿無礙大悲心陀羅尼，觀世音菩薩一聞此咒，就從初地直超第八地菩薩境界，心得歡喜，所以發起身生出千手千眼以利益安樂一切眾生的廣大誓願，當他一發起此願時，身上即時具足千手千眼。

關於千手觀音的形像，在各種經軌中所載並不相同：

依《千光眼觀自在秘密法經》所說，身是黃金色，於紅蓮華上半跏趺坐，有十一面四十手。十一面中，當前三面作菩薩相，本面有三目，右邊三面作白牙向上相，左邊三面是忿怒相，當後一面為暴笑相，頂上一面作如來相。

依《攝無礙經》中所說，是身金色，千臂千眼，有五百面。

千手觀音的四十手隨著眾生根機，相應於如來五部的五種法，能滿足眾生一切願望，而以以四十手，來表示此尊的本誓。在《千光眼觀自在菩薩秘密法經》、《大悲心陀羅尼經》中記載，將其四十手配置如下：

(1)息災法佛部

化佛手，表不離佛邊、羂索手，表安穩，施無畏手，表示除一切恐怖，白拂手，表除一切惡障，傍牌手可辟除惡獸，鉞斧手可離官難，戟可除賊難、楊柳可除病。

(2)調伏法金剛部

跋折羅手表降伏天魔，金剛杵手表催伏怨敵，寶劍手表降伏魍魎鬼神，宮殿手表不處胎宮，金輪手表菩提心不退，寶手表除腹中病，日摩尼手表得明眼清目，月摩尼手表除熱毒病。

(3)增益法寶部

如意珠手表豐饒資具，持弓手表得仕官，寶經手表得聰明多聞，白蓮手表得功德，青蓮手表生淨土，寶鐸手象徵得妙音聲，紫蓮手表見諸佛，蒲桃手象徵稼穀成熟。

(4)敬愛法蓮華部

合掌手象徵得人非人愛念，寶鏡手表得智慧，寶印手表得辯才，玉環手象徵得男女僕使，胡瓶手代表得善和眷屬，軍持手表生於梵天，紅蓮手表生於天宮，錫杖手表得慈悲心。

⑸鉤召法羯磨部

鐵鉤手表得善神擁護，頂上化佛表得佛授記，數珠手象徵佛來授手，寶螺手表示呼召一切善神，寶箭手表示得遇善友，寶篋手表示獲得伏藏，髑髏手表示可敕使令鬼神，五色雲手表示可成就仙法。

經中說：「若為十方諸佛速來授手者，當於數珠手。真言：曩謨引囉怛曩二合怛囉二合夜野唵引阿那婆帝尼惹曳悉地悉馱踝簪薩嚩二合賀」

# 十一面觀音

十一面觀音（梵名 Ekadasa-mukha）是觀音菩薩的化身，為六觀音之一，在六道中主救度阿修羅道的一切眾生，全稱為十一面觀音菩薩。

十一面觀音梵名的意思是「十一最勝」或「十一首」，有時又稱為「大光普照觀音」。由於其形像具有十一頭十一面，所以通稱為十一面觀音。

關於十一面觀音的由來，在《佛說十一面觀音神咒經》中記載：當時在法會中，觀世音菩薩稟白佛陀：「世尊！我有心咒，名十一面。此心咒是十一億諸佛所宣說，我現今宣說，為了利益一切眾生的緣故，為了使一切眾生憶念善法的緣故，……為了去除一切諸魔鬼神障難不生起的緣故，諸世尊允許我宣說此咒。」

這是十一面觀音神咒的由來。經中並說：持誦這一神咒的人，現身即可獲得十種果報：

「一者身常無病，二者恒爲十方諸佛憶念，三者一切財物衣服飲食，自然充足恒無乏少，四者能破一切怨敵，五者能使一切眾生皆生慈心。六者一切蠱毒、一切熱病無能侵害，七者一切刀杖不能爲害，八者一切水難不能漂溺，九者一切火難不能焚燒，十者不受一切橫死，是名爲十。」

又說持此咒者，現身可得四種果報。經中說：「一者臨命終時得見十方無量諸佛，二者永不墮地獄，三者不為一切禽獸所害，四者命終之後生無量壽國。」

十一面觀音出現在漢譯經軌中的時間很早，僅次於聖觀自在菩薩，而其尊形也有各種不同的記載。其十一面的配置有種種不同，並有二臂、四臂、八臂的差異。例如：《十一面觀世音神呪經》中說，其形像為：

「身長一尺三寸，作十一頭，當前三面作菩薩面，左廂三面作瞋面，右廂三面似菩薩面，狗牙上出，後有一面作大笑面，頂上一面作佛面，面悉向前，後著光。又，其十一面戴花冠，其花冠中各有阿彌陀佛。觀世音左手把澡瓶，瓶口出蓮花；展其右手以串瓔珞，施無畏手。」

《十一面儀軌》中則有四臂說，其中右第一手是施無畏，第二手執念珠。左第一手執蓮花，第二手持軍持（即瓶）。

此外，西藏所傳的十一面觀音畫像也有八臂像，其中有持念珠、本面頂上安三面，其上再安三面，更上又安一面，本面左右耳各安一面。八臂中，左右第一手於胸前合掌。左第二手持蓮花，第三手持弓矢，第四手持羂索。右第二手持數珠，第三手持法輪，第四手作與願印。

十一面觀音的十一面，各有其特殊的象徵意義。十一面中，前三面為大慈相，是菩薩見到行善眾生時，生出慈心的大慈與樂相。左三面為大瞋相，是見到行惡眾生時，生出悲心的大悲救苦相。右三面白牙上出相，是見到淨業眾生時，所發出的讚嘆、勸進相。最後一面是暴笑面，是見到善惡雜穢眾生時，為使其改惡向道所生的怪笑相。頂上的佛面，是為修習大乘的眾生所作的說法相。

在密教胎藏現圖曼荼羅中，十一面觀音位列蘇悉地院北端，具四臂，趺坐於蓮花上。本面兩側各有一面，其上有五面，更上有三面，合本面而成十一面。右第一手結施無畏印，第二手執念珠。左第一手持蓮花，第二手持軍持。

其中蓮花表眾生本具的自性清淨心，軍持瓶是長養此蓮花的大悲甘露水，數珠代表精進義，對一切眾生施無畏故結施無畏印。

也有認為念珠表根本智、大圓鏡智，智斷煩惱，所以為調伏義。施無畏乃身、口、意三業的化用，是成所作智，為息災義。蓮花表觀音之體，是妙觀察智，花為人所愛，所以為敬愛義。澡瓶代表以甘露的智水潤澤一切眾生，是平等性智，為增益之義。四智的總體為法界體性智，所以以十一面觀音為蓮華部五智圓滿之尊。

# 如意輪觀音

如意輪觀音（梵名 Cintāmaṇi-cakra），梵名音譯為振多摩尼，意譯為如意珠輪。

如意輪觀音一手持如意寶珠，象徵能生世間與出世間的二種財寶，以布施眾生；一手持金輪，象徵能轉動無上妙法以度化眾生。如意輪觀音是六觀音之一，於六道中是度化天界眾生的觀音，同時也是密教如意輪的本尊。

如意輪觀音的由來依《如意輪陀羅尼經》所記載，過去世時，觀世音菩薩曾得到世尊的加持，而宣說如意輪陀羅尼，此一陀羅尼有大威神力，能滿足眾生的一切心願。

在《如意輪陀羅尼經》中記載，如意輪觀音的威勢作用，可以從世間和出世間兩方面來談。世間的作用，是指修持如意輪觀音法門，能滿足所願，無論是富貴資財或勢力威德都得以成就。

而在出世間方面，修持如意輪觀音法門，則能具足福德慧解、資糧莊嚴，悲心增長，濟度有情，得眾人愛敬。由於如意輪陀羅尼有這二方面的殊勝利益，因此後世也有許多人修持，在南海爪哇等國也有不少崇信者。

如意輪觀音的形像，種類甚多，有二臂、四臂、六臂、八臂、十臂、十二臂等多種，較為常見的是六臂像。六臂的如意輪觀音，計有思惟手、持如意寶手、持念珠（右方三手），以及按光明山手、持蓮手、挈輪手（左方三手）。

密教有所謂的「如意寶珠法」，就是以如意輪觀音為本尊，為了增長福德，滿足心願、滅除諸罪、拔濟諸苦而修之法，也稱為如意輪觀音法。

# 準提觀音

準提觀音（梵名 Cundī）又稱為七俱胝佛母，為六觀音之一，在六道中以救度人間眾生為主，在天台宗又被稱為天人丈夫觀音。「準提」意譯作「清淨」，是護持佛法，並能為眾生延壽護命的菩薩。

在禪宗以準提為觀音部的一尊，備受尊崇。日本台密以準提為佛部之尊，日本東密則以準提為六觀音之一。但不管是屬於何部，在中日兩國佛教徒的心目中，準提菩薩是一位感應極大，對信仰無限關懷的偉大菩薩。

準提菩薩的圖像，有二臂、四臂……至八十四臂等九種。不過，一般佛教徒所供奉的圖像，大抵以十八臂三目者為多。

在十八臂之中，各臂或結印，或持劍、持數珠、金剛杵等物。很多人經常將準提菩薩誤認為是千手千眼觀音，其實，有一個可供辨認的方法：一般千手觀音通常都是十一面或二十七面四十臂（加上合掌、定印之二手則為四十二臂），而且千手觀音各手所持的物品也和準提菩薩不同，應當可加以區別。

依據《七俱胝佛母所說準提陀羅尼經》記載，準提佛母身呈黃白色，結跏趺坐於蓮花上，身佩圓光，著輕縠衣，上下皆為白色，有天衣、角絡、瓔珞、頭冠等莊嚴，十八臂皆著螺釧，面有三目。

上二手作說法相，右第二手作施無畏，第三手執劍，第四手持寶鬘，第五手掌上置俱緣果，第六手持鉞斧，第七手執鈎，第八手執金剛杵，第九手持念珠；左第二手執如意寶幢，第三持開敷紅蓮花，第四手軍持，第五手羂索，第六手持輪，第七手商佉，第八手賢瓶，第九手掌上置般若梵篋。

以準提菩薩為本尊的修法，稱為準提法、準提獨部法，能有除災、祈求聰明、治病等效用。依據《七俱胝佛母准提大明陀羅尼經》等所記載，誦持准提陀羅尼，則得光明觸照，所有罪障皆消滅，壽命延長，福慧增進，並得諸佛菩薩之庇護，生生世世離諸惡趣，速證無上菩提，是被普遍持誦的咒語之一。

# 不空羂索觀音

不空羂索觀音（梵名 Amogha-pāśa），全稱為不空羂索觀音菩薩。

根據《不空羂索神變真言經》所說，在過去第九十一劫中，觀世音菩薩曾經接受世間自在王如來的傳授，而學得不空羂索心王母陀羅尼。

此後，觀世音菩薩即常以此真言教法，化導無量百千眾生。因此，當觀世音菩薩示現化身，以此法救度眾生時，就稱為不空羂索觀音。

不空羂索觀音一名中的「不空」（Amogha），是指心願不空的意思。「羂索」（pāśa）原來是古代印度在戰爭或狩獵時，捕捉人馬的繩索。以「不空羂索」為名，是象徵觀世音菩薩以慈悲的羂索，救度化導眾生，其心願不會落空的意思。

依經典所記載，凡是如法受持不空羂索心王母陀羅尼的人，現世可得無病、富饒、無橫災等二十種功德，臨終也可得無病痛、觀音菩薩前來勸導等八種利益，甚至可以護國佑民、防止天災地變等功德。

此尊觀音的形像，有一面八臂或三面六臂等多種，且手持羂索，有懾伏眾生的意思。

不空羂索觀音在胎藏界中觀音院內，形相為三面四臂，每面皆有三目，正面肉色，右面青色、左面黑色，表三德之意。左第一手持蓮華，第二手攜羂索，右第一手持念珠，第二手持軍持，並披有鹿皮袈裟。

# 馬頭觀音

馬頭觀音（梵名 Hayagrīva），又稱為馬頭明王，為八大明王之一，是密教胎藏界三部明王中，蓮華部的忿怒持明王，俗稱馬頭尊。

其密號為噉食金剛、迅速金剛，為六觀音之一，在六道中是畜生道的救主。

馬頭明王以觀音菩薩為自性身，示現大忿怒形，置馬頭於頂，為觀世音菩薩的變化身之一，因為慈悲心重，所以摧滅一切魔障，以大威力的日輪，照破眾生的暗暝，噉食眾生的無明煩惱。

在《聖賀野紇哩縛大威怒王立成大神驗供養念誦儀軌法品》卷上說：「賀野紇哩縛（馬頭觀音）能摧諸魔障，以慈悲方便，現大忿怒形，成大威日輪，照曜無邊界，修行者暗暝，速得悉地故，流沃甘露水，洗滌藏識中，熏習雜種子，速集福智聚，獲圓淨法身，故我稽首禮。」

同上儀軌品中又說馬頭觀音以大慈大悲的本願，在六道輪迴中度化眾生，於十方世界化現：「我大慈大悲馬口本願深重故，化一切眾生專勝諸尊。由大慈故不著生死，由大悲故不住涅槃。常住無明諸境界中，斷盡種種諸惡趣，滅盡六道四生生、老、病、死之苦，又能噉食滅盡，取事近喻如羸飢馬食草，更無他念。此本願力故，十方剎土無不現身。」

而如果有憶念馬頭觀音者，能使一切障難破壞，使作障礙者不敢接近。經中說：「若纔憶念是威怒王，能令一切作障難者，皆悉斷壞，一切障者不敢親近，常當遠離。是修行者所住之處四十里內，無有魔事及諸鬼神等，與諸大菩薩共同得止住。」由此可見此尊之悲願深重及大威勢力。

馬頭觀音的尊形有一面二臂、一面四臂、三面二臂、三面八臂、四面八臂等多種不同形像。其中一面二臂者，二臂或合掌或施無畏印。《覺禪鈔》引《不空羂索經》說其左手執鉞斧，右手執蓮華。而也有左手執蓮，右手握棒或左手結施無畏印，右手執蓮者。

在《大聖妙吉祥菩薩秘密八字陀羅尼修行曼荼羅次第儀軌法》則述有三面八臂像為：東北角繪馬頭明王。面有三面，八臂執諸器杖。左上手執蓮華，一手握瓶，一手執杖當心。以二手結印契。右上手執鉞斧，一手持數珠，一手執索。輪王坐蓮華中，呈大忿怒相，現極惡猛利之勢。

以此菩薩為本尊，為祈禱調伏惡人、眾病息除、怨敵退散、議論得勝而修之法，稱馬頭法。其三昧耶形為白馬頭，印相為馬頭印。

# 四臂觀音

四臂觀音（梵名 Aturbhuja-avalokiteśvara），是藏密大悲觀音的主尊，代表大悲、大智、大力，是密乘行者必修的法門，其與文殊菩薩、金剛手菩薩合稱「三族性尊」，居雪域怙主地位，是藏密和藏地的首位依怙尊。

在藏傳佛教中，以此尊為「嗡嘛呢叭咪吽」六字大明咒的主尊，而六字大明咒可以說是中國與西藏傳弘最廣的真言，其利益與功德非常廣大。

誦持六字大明咒，不僅可以解脫病苦、刑罰、非時而死的恐懼，更能使壽命增長，財富充盈，在臨命終時，通往三惡道諸門也得以封閉，而往生善道，並得以學習佛法，成就無上菩提，功德利益，極為廣大。

四臂觀音的尊形為一面四臂，其一首代表法界一味，四臂代表四弘誓願，身白如月，象徵自性清淨無垢，不被煩惱所染，頭戴五佛冠，黑髮結髻。

四臂觀音中央二手合掌於胸前，捧有摩尼寶珠；右下手持水晶念珠，左下手拈八瓣蓮花，與耳際齊。面貌寂靜含笑，以菩薩慧眼凝視眾生，凡被菩薩所觀注者，都能得證解脫。其身著五色綢緞衣裙，腰繫寶彩帶，全身花蔓莊嚴，雙跏趺坐於蓮花月輪上。

# 毗俱胝菩薩

毗俱胝菩薩（梵名 Bhrikuṭiḥ），梵名音譯為毗哩俱胝，有蹙眉之意。其密號為降伏金剛、定慧金剛、除障金剛，相傳是由觀世音菩薩憤怒時的皺紋所出生的菩薩。

在《大日經疏》卷十中記載：當時在佛陀說法大會中，有許多金剛現出各種令人怖畏的樣貌，無有能調伏者。

當時觀世音菩薩額頭皺紋中化現一位菩薩，現身作大忿怒之狀，比起這些可怖的金剛更加恐怖千萬倍，而且不斷逼近，這些金剛皆生起怖畏心，逃入金剛藏身中。而毗俱胝菩薩並未停下來，更進一步逼進至金剛藏面前，使得金剛藏也生起大恐怖，逃入如來座下求救，直呼：「願佛陀護佑我！」

於是佛陀就對毗俱胝菩薩說：「您暫且止住。」毗俱胝立即停了下來，而白佛言：「唯佛所教敕，我當奉行！」此時諸金剛看毗俱胝菩薩不再逼近，才鬆了一口氣，歡喜地說：「這位菩薩真是大悲者，而能示現如此大力威猛，真是甚為希有！」這是毗俱胝菩薩現起的因緣，及其不可思議的大威勢力。

在胎藏界曼荼羅中，毗俱胝菩薩居蓮華部院（觀音院）內，三昧耶形為數珠鬘，印相為毗俱胝印。其身形為身呈肉色，現四臂相，左一手持蓮華，也有的圖像為蓮花上有梵筴，次手持瓶，右一手結施無畏印，次手持念珠，著羯磨衣，端坐青蓮花，或有說為赤蓮華，額上有一隻眼。

# 火天

火天（梵名 Agni），又稱火光尊、火仙或火神。梵語音譯作阿耆尼，或阿哦那。

火天原來是古印度神祇之一，為火的神格化。由於火的體性是暖性，有成熟萬物的作用，其性質有成熟義，同時有燒盡萬物而使其清淨的作用。

火神自《吠陀》時代即廣受崇拜，其被讚詠的次數僅次於帝釋天，並被視為地上諸神之首，與帝釋天（或風天，Vāyu）、日天

（Sūrya）合稱吠陀三尊。

火神經常以多種形態顯現於不同的場所，象徵破除黑暗的光明、燒毀不淨的淨化力量。火神有時也是家庭神，帶來繁榮與富足；有時又是守護神，保障居家平安。

密教中，火天為護世八天之一、十方護法神王之一，也是十二天之一。在胎藏界曼荼羅中，位列外金剛部東南隅。

相傳火焰騰空可達天界，因此古代印度認為火天為神人之間的使者，所以在行供養儀時，也常招請火神；後來演變為將物品投入火中以供養諸佛，這就是護摩（火供）的由來。

由於這個因緣，密教在修護摩法時，先設火天段供養火天，然後再供養諸尊。由於火能燒燬物體，因此以護摩爐為火天之口，而投以供物，也就以智火燒盡煩惱薪之意。

火天的形像，隨息災、增益、懷愛或調伏等法不同而有差別。如《大摩里支菩薩經》卷二中所載，作息災法時，是滅罪火天；增益法時，是黃金色、身相圓滿；敬愛法時，是像曼度迦花般的紅色，稱為迦目火迦天；降伏法時，則身穿黑衣，口出利牙，作大惡相，如劫火洞然，稱為忿怒火天。

火天的尊形在《大日經疏》卷五中描述：「東南隅布列諸火天眾，住火焰中。額及兩臂各有三灰畫，即婆羅門用三指取灰，自塗身象也。一切深赤色，當心有三角印。在焰火圓中，左手持數珠，右手持澡瓶。

又，在金剛界曼荼羅中，此天是外部二十天之一，被配列於西方。其形像呈肉色，左手持仙杖，右手持三角火輪。《十二天供儀軌》中說：「東南方天乘青羊，赤肉色遍身火焰。右二手，一持青竹，一持軍持。左二手，一揚掌，一持念珠。有二天女持天花，左右置苦行仙，垂左腳，蹉右足。」

而火天的眷屬，婆藪大仙（梵名 Vasu），也是手持念珠，為五天之一。

其尊形為身呈赤肉色，裸露上身，右手持蓮華，左手持數珠。三昧耶形亦為數珠鬘。

# 第五章　念珠的相關經典

念珠是佛教重要的法器之一，因此經典中也有關於念珠的記載。本章所列舉的經典，有記載念珠在佛教中的起源，如《木槵子經》，有記載以不同材質念珠持誦的功德差異，如：《校量數珠功德經》，五部中所使用相應材質的念珠，如《諸佛攝真實經》，以及使用念珠的儀軌、修持，如《金剛頂瑜伽中略出念誦經》等，從諸多面向來展現念珠在佛教中的風貌。

# 《佛說木槵子經》

## 【內文提要】

本經內容敘述佛陀在王舍城鷲峰山時，毗舍離國王遣來使者至佛陀所，請問如來：在國事繁忙時，如何解脫眾苦的方法。佛陀教其以貫串木槵子一百零八個，常持來唱念佛、法、僧三寶名，稱念一聲即過一木槵子，如是若滿二十萬遍，則身心不亂，命終時得生第三焰天。若復滿一百萬遍，當得斷除百八結業，永斷煩惱根，是佛陀教導大眾以念珠為修行輔助工具極完整的經典。

## ⊙經典原文

聞如是：一時佛遊羅閱祇闍耆崛山❶中，與大比丘眾一千二百五十人俱，菩薩無數，名稱遠聞，天人所敬。

時難國王，名波流離，遣使來到佛所，頂禮佛足，白佛言：「世尊，我國邊小，頻歲寇賊，五穀勇貴，疾病流行，人民困苦，我恒不得安臥。如來法藏，多悉深廣，我有憂務，不得修行。唯願世尊，特垂慈愍，賜我要法，使我日夜易得修行，未來世中，遠離衆苦。」

佛告王言：「若欲滅煩惱障[2]報障者，當貫木患子一百八，以常自隨。若行、若坐、若臥，恒當至心，無分散意，稱佛陀、達摩、僧伽名，乃過一木患子。如是漸次度木患子，若十若二十，若百若千，乃至百千萬，若能滿二十萬遍，身心不亂，無諸諂曲者，捨命得生第三焰天[3]，衣食自然，常安樂行。

若復能滿一百萬遍者，當得斷除百八結業[4]，始名背生死流，趣向泥洹[5]，永斷煩惱根，獲無上果。」

信還啓王，王大歡喜，遙向世尊，頭面禮佛云：「大善！我當奉行！」即敕吏民，營辦木患子，以爲千具，六親國戚，皆與一具。王常誦念，雖親軍旅，亦不廢置。又作是念：「世尊大慈！普應一切，若我此善，得免長淪苦海，如來當現我身爲我說法！」願樂迫心，三日不食，佛即應形，與諸眷屬，來其宮內，而告王曰：「莎斗比丘誦三寶名，經歷十歲，得成斯陀含果[6]，漸次習行，今在普香世界，作辟支佛⑦。」王聞是已，倍復修行。

佛告阿難：「何況能誦三寶名，經歷萬數，但能聞此人名，生一念隨喜者，未來生處，常聞十善⑧。」說是法時，大眾歡喜，皆願奉行。

①耆闍崛山：梵名 Gṛdhrakūṭa，巴利名 gijjha0kūṭa。又作祇闍崛山、耆闍多山、崛山。意譯作靈鷲山、鷲頭、靈山。位於中印度摩羯陀國首都王舍城之東北側，是著名的佛陀說法聖地，著名的《法華經》就是在此宣說。

靈鷲山山名之由來，一說是因其山頂形狀類於鷲鳥，另也有說因山頂棲有眾多鷲鳥之故。與佛陀同時代之摩羯陀國頻婆娑羅王為聞法之故，曾大興工程，自山腰至山頂，跨谷凌巖，編石為階，廣十餘步，長約三公里。

山頂有一佛陀昔日之說法臺此外，還有提婆達多以巨石企圖謀殺佛陀之處，及佛陀與舍利弗等諸聲聞入定的石室、阿難遭受魔王嬈亂之處。而《大品般若經》、《金光明最勝王經》、《無量壽經》也是於此宣說。

❷煩惱障：梵語 kleśāvaraṇa。又稱作惑障，指妨礙修行者到達菩提之道的障礙，而使其無法證得涅槃的煩惱障礙而言，經常與「所知障」合稱為二障。

❸第三焰天：即夜摩天，夜摩，梵名 Yāma，巴利名同。意譯為善時分、善時、善分、妙善、妙時分、妙唱、唱樂等，為欲界六天之第三天。此天界光明赫奕，無晝夜之分，居住於其中，時時刻刻受不可思議歡樂的光明世界。有的天人常與阿修羅諍鬥，但夜摩天卻達離諍鬥，所以又稱為離諍天，得生此天的眾生，大多由於平時積善行，不殺生、不偷盜、不邪淫等樂修，又自能持戒，教他持戒，修持自他利益者。

夜摩天以諸多天花莊嚴，並有種種河池，百千園林周匝圍繞：其殊勝妙樂，遠非忉利天所能及。此天天人壽命為二千歲，其一晝夜相當人間二百年。也有男娶女嫁婚姻之事，以互相親近，或相抱，即成陰陽和合；兒女隨念之起而由膝上化生，初生即如閻浮提三、四歲之孩童。

❹百八結業：是指眾生煩惱有一百零八種。以煩惱能出生種種惡業之故，所以稱

為百八結業。

❺泥洹：即涅槃，梵語 nirvāṇa，巴利語 nibbāna。意譯作滅、寂滅、滅度、寂、無生。與擇滅、離繫、解脫等詞同義。原來指吹滅，或表吹滅之狀態；其後轉指燃燒煩惱之火滅盡的境地，超越生死的境界，也是佛教三法印之一，稱「涅槃寂靜」。

❻斯陀含果：梵語 sakṛd-āgāmin，巴利語 sakad-āgāmin，意譯作一來、一往來。是聲聞修行者四果之第二果。又分為斯陀含向與斯陀含果，即預流果（初果）之聖者進而更斷除欲界一品至五品之修惑，稱為斯陀含向，或一來果向；若更斷除欲界第六品之修惑，尚須由天上至人間一度受生，方可入般涅槃，至此以後，不再受生，稱為斯陀含果，或一來果。因為其僅餘下品之貪瞋癡，所以又稱「薄貪瞋癡」、「薄地」。

❼辟支佛：梵語 pratyeka-buddha，意譯作緣覺、獨覺。又作貝支迦、辟支，為聲聞、緣覺二乘之一，再加上菩薩就成為三乘。辟支佛是指無師而能自覺自悟之聖者。《大智度論》中說，緣覺自覺不從他聞，觀悟十二因緣之理而得道的聖

者。

❽十善：十善即十善業，梵語 daśakuśala-karmāni，是指身、口、意三業中所行的十種善的行為。又稱為十善業道、十善道、十善根本業道、十白業道。即：⑴不殺生。⑵不偷盜。⑶不邪淫。⑷不妄語。⑸不兩舌，（即不說離間語、破語）。⑹不惡口，即不惡語、不惡罵。⑺不綺語，即不雜穢語、不作無義語。⑻不慳貪。⑼不瞋恚。⑽不邪見，即不愚癡。根據《阿含經》中所說，行十善者將生於人、天世界，得善果報。

# 《曼殊室利咒藏中校量數珠功德經》

## 【內文提要】

經中文殊菩薩宣說受持種種不同材質的數珠，各自具有何種不同的功德，以及以菩提子（活兒子）製作數珠能使人延命長壽的功德利益。

## ⊙經典原文

爾時曼殊室利法王子菩薩摩訶薩，於大眾中從座而起，整理衣服，偏袒右肩，合掌恭敬，白佛言：「世尊！我今為欲利益諸有情故，說受持數珠功德，校量福分利益差別，唯願世尊哀愍聽許。」

佛告曼殊室利：「善哉！善哉！聽汝為說。」

曼殊室利菩薩摩訶薩言：「若善男子、善女人，有能誦念諸陀羅尼❶及佛名者，為欲自利及護他人，速成諸法而得驗者，其數珠法應當如是作意受持。然其珠體種種不同，若以鐵為數珠者，誦掐一遍得福五倍。若用赤銅為數珠者，誦掐一遍得福十倍。若用眞珠、珊瑚等寶爲數珠者，誦掐一遍得福百倍。

若用患子爲數珠者，誦掐一遍得福千倍。

若用蓮子爲數珠者，誦掐一遍得福萬倍。

若用因陀囉佉叉爲數珠者，誦掐一遍得福百萬倍。

若用烏嚧陀囉佉叉爲數珠者，誦掐一遍得福百億倍。

若用水精爲數珠者，誦掐一遍得福千億倍。

若用菩提子爲數珠者，或時掐念或但手持，誦數一遍其福無量，不可算計、難可校量。

若欲願生諸佛淨土者，應當依法受持此珠。」

曼殊室利菩薩言：「菩提子者，若復有人手持此菩提珠，不能依法念誦佛名及陀羅尼，但能手持隨身，行、住、坐、臥所出言說，若善若惡，斯由此人以持菩提子故，所得功德如念諸佛、誦咒無異，獲福無量。

其數珠者，要當須滿一百八顆，如其難得或五十四，或二十七或但十四，此乃數珠功德差別。以何因緣我今偏讚用菩提子獲益最勝？」

曼殊師利菩薩言：「乃往過去有佛出世，在此樹下成等正覺，時一外道邪見壞心毀謗三寶。彼有一男，忽被非人之所打殺，外道念言：『我今邪見，未審諸佛有何神力，如來今既在此樹下成等正覺，若其實聖樹應有感。』即將亡子臥菩提樹下，作如是言：『佛樹若聖，我子應蘇！』以經七日誦念佛名，子乃重蘇。外道歡喜，讚言：『諸佛有大神力，我未曾見佛成道樹現此希奇，甚大威德，難可思議！』時，諸外道聞此事已，捨邪歸正，發菩提心，信佛神力不可思議。以此因緣，世人皆號爲延命樹，其菩提樹遂有二名，一名菩提樹，二名延命樹。」

爾時曼殊室利菩薩摩訶薩說是語已，佛言：「善哉！善哉！曼殊室利，如汝所說。」

爾時大眾聞說持珠功德經已，皆大歡喜，信受奉行。

❶陀羅尼：陀羅尼，梵文 dhāraṇī，義譯為總持、能遮。即能總攝憶持無量佛法而不忘失的念慧之力，亦指能令善法不散失，念惡法不生起的作用。在後世則多指長咒而言。依《大智度論》卷五所說：「何以名陀羅尼？云何陀羅尼？答曰：陀羅尼，秦言能持，或言能遮。能持者，集種種善法，能持令不散不失。譬如完器盛水，水不漏散。能遮者，惡不善根心生，能遮令不生；若欲作惡罪，持令不作，是名陀羅尼。」

# 《諸佛境界攝眞實經》持念品第八

## 【內文提要】

本文內容主要在校量佛部、金剛部、蓮花部、寶部、羯摩部等不同的念珠持念方法。其中並校量使用不同材質的念珠所獲得之功德差別。

## ⊙經典原文

爾時，金剛手菩薩摩訶薩告大會衆言：「瑜伽行者，欲得成就一切如來三昧，及一切智智❶，應當修習是曼荼羅成佛之法。修此法時，先作金剛降伏半跏趺坐，端身正念，以右足押左足。持眞言時，住心凝寂，口習眞言，唯自耳聞，勿令他解。心中觀想一一梵字，了了分明無令錯謬，持習之時，不遲不速，是即名爲金剛語言。

復次持習之法，雖有多種，今當略說。秘密之門持習之要，有其三種，一數二時三者形像。

云何名數？謂習眞言，一十一百千萬等數。

云何名時？所謂七日一月一年，或復一生乃至成佛。

云何形像？謂習觀行，求放光明，若未放光即不休息。

如是三事，隨行者意，如其所願依法修持。

復次挍量念珠五部差別，若持佛部，用菩提子；若持金剛部，用金剛子；若持寶部，用金銀、頗梨種種諸寶；若持蓮花部，用蓮花子；若持迦嚕摩部②，用種種間錯雜色寶珠。

復次作佛部持念，以右拇指、頭指執持念珠，餘指普舒。若金剛部持念，以右拇指、中指持念珠。若寶部持念，以右拇指、無名指執持念珠。若蓮花部持念，以大拇指、無名指、小指執持念珠。若迦嚕摩部持念，用上四種執持皆得。

復次挍量所獲功德。若以香木等珠，得一分福；若用鍮石、銅鐵，得二分福；若用水精、眞珠，得一俱胝分③福。若以蓮子、金剛子珠，得二俱胝分福。若用間錯種種諸寶及菩提子，得無量無邊不可說不可說分福。即是過去無量恒河沙諸佛所說，一百八數爲念珠量。

復次行者結金剛縛印，當於胸前，繫心鼻端，持眞言曰：

唵(一) 謨 計娑摩(三合) 嚩(去) 日囉(二合)

瑜伽行者持此眞言，自作此想：「我心之中有一切智，洞達無礙。」

復次，若行者貧乏不辦圖畫本尊形象，但隨取一佛像或菩薩像，對佛塔前，繫心而住，想念佛像，心不散亂，而常寂然，即賢聖無異。若得繫心鼻，爲最上品，便同諸聖人定無異。

## 注釋

❶一切智智：一切智智，梵語 sarvajña-jñāna，指佛陀的智慧。一切智是指了知內外一切法相之智，而佛的一切智不同於一般的一切智，為其中最殊勝者，所以稱為「一切智智」。

❷迦嚕摩部：即羯摩部，為密教金剛界五部之一，在金剛界五大月輪中，北方為

羯磨部，即為眾生垂慈悲，成就種種事業之部分。金剛界九會曼荼羅中，表示諸尊自受法樂之三昧耶形，如金剛鉤、金剛鏁、金剛索、金剛鈴，及諸尊取捨屈伸之威儀、利他之各種事業，皆攝於此部。

在四佛中，此部象徵不空成就如來成所作智之德。而就眾生而言，一切行、住、坐、臥、語默等，皆攝於羯摩部之中。部主為不空成就如來，部母為業波羅蜜菩薩。

❸ 一俱胝分：印度古代數量單位名稱，十萬之數稱一洛叉（梵語 lakṣa），一百洛叉為一俱胝。

# 《佛說大悲空智金剛大教王儀軌經》持念品

## 【內文提要】

本文說明禁止法、信愛法、降伏法、忿怒法、鉤召法、求雨法等不同修法，分別使用不同念珠修持。

## ⊙經典原文

復次金剛薩埵，說諸法律儀持念境界。我今開示：禁止法用乳汁，以水精爲念珠，信愛法用瓈拏摩藥。以赤栴檀爲念珠，二種降伏法，並用悉羅訶香，以木患子或水牛角爲念珠，忿怒法，用白米飯，以眞珠爲念珠，鉤召法，用四種妙香，以末囉多木爲念珠，發遣用麝香或自止出入息，以碼瑙爲念珠，又求雨法及忿怒法，並眞珠爲念珠。

# 《金剛頂瑜伽中略出念誦經》卷四

## 【內文提要】

經中記載四種數珠配合四種念誦。四種數珠分別是：如來部用菩提子、金剛部用金剛子、寶部用寶珠、蓮花部用蓮子，羯摩部以雜寶同錯，配合音聲念誦、金剛念誦、三摩地念誦及真實念誦以修持之。

## ⊙經典原文

論曰：「以一切秘密修行雲海，普皆供養。復應思惟：「我今所出語言音聲，令一切眾生悉皆得聞。」作是念已，誦此密語：

唵　薩婆怛他揭多婆袪（語言也）禰耶但那　布穰暝伽　三慕達囉　窣發囉拏三末曳　𤙖

然後以金剛言詞，應作歌詠頌曰：「

金剛薩埵攝受故，得為無上金剛寶；

金剛言詞歌詠故，願成金剛勝事業。」

復以金剛語言，應以清美音讚之頌曰：「

於諸世界種類中，能作塵數諸佛事，
如來示現大神變，隨應顯現種種身。
無比不動常堅法，悲體能除世間苦，
能授悉地諸功德，無比等力勝上法，
無有譬喻等虛空，少分功德尚無際，
遍眾生界勝悉地，無比無量盡能成。
常法清淨由悲起，願力成就住世間，
能爲利樂無邊際，大悲爲體常遍照，
悲行不動不取滅，遊化三界授悉地，
諸不可量盡通達，雖已善逝現希奇，
常住三世力無礙，最上依怙無能超，
能授一切三摩耶❶，願我速成勝悉地！」

如是讚已，若更有餘勝妙讚頌，隨意讚之。其讚詠法，晨朝當以灑臘音韻，午時以中音，昏黃以破音，中夜以第五音韻讚之。如不解者，隨以清好音聲讚歎，常應每日四時念誦。謂晨朝、日、午、黃昏、夜半也。應持四種數珠，作四種念誦❷。作四種者，所謂音聲念誦，二金剛念誦（合口動舌默誦是也），三三摩地念誦，心念是也。四眞實念誦，如字義修行是也。

由此四種念誦力故，能滅一切罪障苦厄，成就一切功德。

四種數珠者，如來部用菩提子，金剛部用金剛子，寶部用寶珠，蓮花部用蓮子，羯磨部用雜寶間錯爲之。行者若能隨順瑜伽，修行三摩地念誦者，則無有時分限數，於一切時，無間作之。

❶三摩耶：三摩耶梵語 samaya，又作三昧耶、縒麼野、娑摩耶。意譯為時、眾會、一致、規則、教理。一般多作「時」、「一致（平等）」之義。

密教以之為諸佛或諸尊之本誓，具有「平等、本誓、除障、驚覺」等四種意義。即：以佛與眾生之本質而言，二者完全平等無有差別（平等），所以佛菩薩發誓願令諸眾生開悟成佛（本誓），而眾生由於佛陀之加持力，而能祛除煩惱（除障），眾生迷妄之心也能隨之而驚醒（驚覺）。《大日經》卷六言此三者皆平等一致，即三皆三昧之意，而稱為三三昧耶。此有一心三三昧耶、三寶三三昧耶、一身三三昧耶、三乘三三昧耶等四種。

❷四種念誦：密教金剛界法念誦，《金剛頂瑜伽中略出念誦經》卷四中說，四種念誦為⑴音聲念誦，乃舉音長短分明，自己及他人俱聽聞。⑵金剛念誦，係唇齒密合，不出音聲，微動舌端默誦。⑶三摩地念誦，係住於定心而觀真言字義字相之順逆。⑷真實念誦，又作實相念誦。即觀真言之字義字相，如實修行。以上四種念誦功德，能滅一切罪障苦厄，成就一切功德。

# 《蘇悉地羯羅經》供養次第法品（節錄）

## 【內文提要】

經中記載密教五部中適用的念珠，以及各部持念珠的方法。

## ⊙經典原文

次復起誠心，求勝上子解脫甘露果，應懷踴躍發菩提心，求悉地果，世界眾生無量法苦，我當除滅，復度令離一切惡趣，於諸煩惱令得解脫，所有眾苦種種煎迫，而起大悲，發菩提心，苦惱眾生中，爲作歸依，無主眾生，我當爲主，失路眾生，爲作導師，恐怖眾生，爲作無畏，苦惱眾生，令得安樂。

眾生諸煩惱逼，我爲除滅之，我今所作諸餘善業，及發勝心所生功德，迴施一切眾生，歸於正路。所造六波羅蜜門，及餘所造諸福，迴與眾生，同歸勝果。自從過去、現在、未來，略而言之，所作勝福，盡皆迴施一切眾生，速成佛道，乃至菩提，不生懈怠。而起發菩提心，悲念諸眾生，起大慈心，彼有眾苦，何時除滅？爲淨心故，常持六念，念六念持專注一境而不散亂，不應我執。

又如過去諸佛發願，應如是發願所生諸淨業，迴施眾生，成就諸德；復願我所生功德，願一切眾生，獲無盡財，復能捨施，增益智慧，成大忍辱，常修善品，常宿命智，常懷大悲，諸眾生類所生之處，具如上事。

次應合掌頂禮部尊主，憶念明王，次依法則作諸事業。

先以右手而取數珠，置左手中，合掌捧之，思念明王，爲用數珠故而誦眞言。

金剛部眞言：

囊(上)謨(上)囉怛囊(上二合)怛囉(二合)夜也囊(上)莽室戰(二合)拏嚩曰囉(二合)簸儜(上)曳莽訶(去)藥乞沙(二合)細囊鉢多(上)曳唵枳里枳里嘮捺哩(二合)尼(上)莎(去)訶(去)

佛部眞言曰：

囊(上)謨(上)囉怛囊(上二合)怛囉(二合)夜也唵閼那(輕)部(二合)帝微若(而也反)曳悉馱(引)囉替(二合)莎訶

蓮花部眞言曰：

唵　唵沒嘌(二合)擔伽(輕)咩室哩(二合)曳室唎(二合)忙里寧(上)莎(去)訶(去)

二手頭指、無名指捻，右手掐念，通一切用。若阿毘遮嚕迦，豎其母指，捻數珠印。菩提子珠，佛部念誦；蓮花子珠，觀音部用；嚕梛囉叉子，金剛部珠，三部遍用，各如前說。此等數珠，最爲勝上，一切念誦，應當執持。或用木患，或多羅樹子，或用土作，或螺旋作珠，或以水精，或用眞珠，或牙作珠，或用赤珠，或諸摩尼等。或用薏苡珠及餘草子，各隨於部，觀其色類，應取念持。若作阿毘遮嚕迦法❶，應用諸骨而作數珠，速得成就。爲護淨增益法驗故，更應誦佛部眞言曰：

唵　囊(上)謨(上)薄伽(輕)嚩底(丁以反)悉悌娑(去)大也悉馱(引)囉替(二合)莎(去)訶

蓮花部增驗眞言曰：

唵　嚩蘇(上)莽底(丁以反)室哩(二合)曳莎(去)訶

金剛部增驗眞言曰：

唵　嚩曰囒(二合)爾擔若曳莎(去)訶

用前珠印而念誦之，念誦之時，珠置當心，不得高下，捧數珠時，以小低頭

結志誠心而禮三寶，次禮八大菩薩，次禮明王眷屬，次應起首持誦眞言，想眞言主如對目前，如是傾誠，不應散亂心緣別境。（中略）

正念誦時，忽然謦咳，及來欠上下氣，忘眞言字等，即起就水，作灑淨法，縱掐數珠，欠一欲匝，有斯病至，灑淨訖已，還從首念。如上所說障道者，爲一一皆須從始而念念掐數珠，將畢之時，中禮一拜，終而復始，又中一禮。於其whose前，或於像所，或於塔前，或於座所，隨念誦處，數珠一匝，一觀尊顏而作一禮已，如前說念誦了已，安心靜處，或想眞言及其尊主，三時念誦，但初、中、後誠心作意，遍數多少皆須一類，不增不減，三時澡浴，塗地獻花，及除萎花種種供養等事。皆三時作。（中略）

又如過現諸佛發願，應如發願，生諸淨業，願與眾生，成就諸德，復願過現所生功德，願與一切眾生，獲無盡財，復能捨施，增益智慧，成大忍辱，常修善品，識宿命智，心懷大悲，願諸生類，所生之處，具如上事。

次應合掌，頂禮本部尊主，憶念明王，次依法則，作諸事業，先以右手，而取數珠，置左手中，合掌捧之，思念明王，數珠而誦眞言。

佛部淨珠眞言：

唵　遏部羍弭惹曳　悉睇悉馱剌栫　莎縛訶

蓮華部淨珠眞言：

唵　阿蜜栗譫　伽迷室唎曳　室利摩里抳莎縛訶

金剛部淨珠眞言：

唵　枳里枳里　嘮嚧嚗　莎縛訶

以右手大指，捻無名指頭，直舒中指，小指微屈，以頭指押中指上節側，左手亦然。右手掐念珠，通一切用，若阿毘遮嚕迦，竪其母指，捻數珠印，菩提子珠佛部用；蓮華子珠觀音部用；嚕挪囉叉子珠金剛用。三部各用此等數珠，最爲勝上，一切念誦，應當執持，或用木患子，或多羅樹子，或用土珠，或用螺珠，或用水精，或用眞珠，或用牙珠或用赤珠，或諸摩尼珠，或用咽珠，或餘草子，各隨於部觀色類，應取念持，若作阿毘遮嚕迦法，應用諸首，而作數珠速成故，復爲護持增驗故。

佛部持珠眞言：

唵　那謨皤　伽縛底　悉[月悉]　悉[月悉]　娑馱野悉馱　刺栫　莎縛訶

蓮華部持珠眞言：

唵　素麼　底底室唎曳　缽頭麼理抳莎縛訶

金剛部持珠眞言：

唵　跋日羅　爾旦　惹曳　莎縛訶

用前件珠印，各依部中，而念誦之。念誦之時，珠置當心，不得高下，捧數珠時，微小低頭，以至誠心，頂禮三寶，次八大菩薩，次禮明王眷屬，次應持誦眞言，想眞言如對目前。如是傾誠，不應散亂心緣別境。

## 注釋

❶阿毘遮嚕迦：梵文 abhicāruka，意譯作調伏、降伏，為密教四種護摩及五種護摩之一，作用外在降伏怨敵，內則降伏自心煩惱。五種護摩法除了此法之外，還有：⑴扇底迦（梵 śāntikak），意譯作息災、寂災。⑵布瑟徵迦（梵 puṣṭika），

意譯作增益、增榮、增長，(3)阿羯沙尼（梵 ākarṣaṇī），意譯作鉤召、攝召，或譯鉤召。(4)伐施迦囉拏（梵 vaśīkaraṇa），意譯作敬愛、慶愛。此五種修法與金剛界五部、五智之內證相應，其爐形、爐文、顯色、護摩木、起首時、方向及坐法等，皆有不同。在《金剛頂瑜伽護摩儀軌》中有詳細的解說。

# 《守護國界主陀羅尼經》（節錄）

## 【內文提要】

經中主要介紹五部所使用的不同念珠，及不同的持念法。經中並說明如何以念珠攝心再觀想本尊入行者身之修法。

## ⊙經典原文

爾時，佛告秘密主言：「依此軌儀次第安布，皆周畢已，其阿闍梨爲入壇者，先當授與三昧耶戒❶以爲先導，然後灌頂。既灌頂已，然後教其念誦眞言，脣齒相合，其舌微動，勿使出聲，量力記數及時多少以爲常限，要當要期得勝境界，若無剋獲不出道場，如是精勤以求悉地。我今當說用珠差別。」而說偈言：「

佛部紹佛種，當用菩提子，金剛部中珠，亦用金剛子，

寶部之中用，金等寶爲珠，眞珠爲念珠，諸佛所稱讚，

蓮華部中用，蓮華子爲尊，羯摩部中珠，種種和合作。

五部掐珠法，用大拇指同，佛部頭指承，金剛部中指，
寶部無名指，蓮華部合三，羯摩四指承，皆用於初節。
金珠兩倍福，眞珠得俱胝，金剛蓮子珠，百千俱胝福，
若持菩提子，及以和合珠，無數福莊嚴，諸佛之所說。
珠有一百八，攝亂心不馳，毘盧遮那印，當鼻端繫想，
爲除煩惱等，增長三摩提，當想於本尊，護摩勤念誦，
先觀月輪淨，想自坐輪中，發焰光熾然，天光嚴自體，
十方現在佛，五色青白珠，莊嚴極可尊，常觀現前住。
三千塵數佛，悉來入我身，我身等虛空，扇底迦②供養，
想菩薩歡喜，是增長護摩，忿怒入我身，內外冤皆滅，
美色菩薩入，想敬愛相成，瑜伽內護摩，過去諸佛說。」
爾時世尊說此偈已，告秘密主金剛手言：善男子諦聽諦聽此一字陀羅尼門，即是一切陀羅尼母，無邊俱胝陀羅尼門以爲眷屬。若有觀察此陀羅尼，無邊俱胝三昧現前。過去現在一切諸佛，由觀察此陀羅尼故，得阿耨多羅三藐三菩提。

❶三昧耶戒：又稱為三摩耶戒、秘密三昧耶戒、佛性三昧耶戒、即安住於三三平等之理，以本有之清淨菩提心為戒體，法界無量萬德為行相之秘密真言戒。此戒能成就如來清淨之智，三世諸佛由此證得菩提。其戒相為不應捨正法、不捨離菩提心、不慳一切法、莫不利眾生行等四重禁。三昧耶戒是密教修行之指針，真言行者必須受持，入壇行灌頂之前先受此戒，方得入壇。

❷扇底迦：梵文 śāntika，意譯為息災法、寂災法，為密教四種護摩，五種護摩法之一，作用在平息一切災難障礙。

# 《陀羅尼集經》佛說作數珠法相品

## 【內文提要】

經中記載金、銀、赤銅、水晶等四種念珠，其中以水晶最為第一。經中並說明水晶念珠的功德能除四重五逆重罪。此外，經中也記載採集、製作法相念珠的方法。

## ⊙經典原文

爾時，佛告苾芻、苾芻尼、優婆塞迦❶、優婆斯迦❷，諸善男子、善女人等：「當發心誦阿彌陀經，念阿彌陀佛，及誦持我三昧陀羅尼秘密法藏神印咒者，欲得成就往生彼國，及共護念一切眾生，復能苦行至心受持，日日供養，一心專在莫緣餘境，若誦經念佛持咒行者，一一各須手執數珠，依阿彌陀佛三昧教說，復依如此一切陀羅尼諸佛菩薩金剛天等法中所出，其數皆須具諸相貌，其相貌者有其四種。

何者爲四？一者金，二者銀，三者赤銅，四者水精。其數皆滿一百八珠，或五十四、或四十二、或二十一亦得中用。若以此等寶物數珠，掐之誦咒、誦經、念佛，諸行者等，當得十種波羅蜜功德滿足，現身即得阿耨多羅三藐三菩提果[3]。

其四種中水精第一。其水精者，光明無比淨無瑕穢，妙色廣大，猶若得佛菩提願故。洞達彼國一如珠相，以是義故，稱之爲上。把其珠掐，亦能除滅念誦行者四重五逆衆罪業障所有報障，一切惡業不能染著，爲珠光明不受色相。

若人常行念佛法者，用木患子以爲數珠。若欲誦咒受持人者，用前四色寶爲數珠。若作菩薩咒法業者，用菩提子以爲數珠。若無，可用蓮華子充。若作火頭金剛業者，用肉色珠以爲數珠。此等數珠皆合法相，是故我以此法，護念世間持法行者。」

是衆會中一切菩薩摩訶薩、金剛天等，聞佛所說數珠法已，莫不歡喜，同時稱善。

佛言：「若人欲作法相數珠，先喚珠匠，莫論價直，務取精好，其寶物等皆須未曾經餘用者，一一皆須內外明徹，無有破缺，圓淨皎潔，大小任意。與其珠匠先受八齋，香湯洒浴，著新淨衣，與作護身，嚴一道場懸諸幡花，以香水涯一小壇子，日日各以香華供養，又著一兩盤餅果供養，又復夜別各然七燈，作是相珠一百八顆。造成珠已，又作一金珠以爲母珠，又更別作十顆銀珠，以充記子，此即名爲三寶法相悉充圓備，能令行者掐是珠時，常得三寶加被護念。言三寶者，所謂佛寶、法寶、僧寶。以此證驗，何慮不生西方淨土？

作是珠已，於此壇中，更以種種香水洒珠，又著七盤食，然三七燈，請佛、般若菩薩、金剛及諸天等，仰啓供養，稱讚三寶威神力故，種種法事皆有效驗。然後持行隨身備用，一切諸惡不相染著，一切鬼神共相敬畏，是故福力具足，成辦功德滿願，是名數珠秘密功能。其阿彌陀佛陀羅尼印咒，有八萬四千法門，於中略出此要，如如意寶，以上阿彌陀佛法竟，依法行之，福無限也！

❶優婆塞：梵語 upāsaka，意譯為近事、近事男。是指在家親近奉事三寶、受持五

戒之男居士。與優婆夷都是在家信受佛法者。

❷優婆斯迦：意譯為近事女，是指受持五戒的在家女子，有親近三寶，奉事如來之義，而受三歸、持五戒之相，與近事男所持者無異。

❸阿耨多羅三藐三菩提：梵語 anuttara-samyak-sambodhi 之音譯。略稱阿耨三菩提、阿耨菩提。意譯無上正等正覺、無上正等覺、無上正真道、無上正遍知。「阿耨多羅」意譯為「無上」，「三藐三菩提」意譯為「正遍知」。乃佛陀所覺悟之智慧；含有平等、圓滿之意。以其所悟之道為至高，故稱無上；以其道周遍而無所不包，故稱正遍知。大乘菩薩行之全部內容，即在成就此種覺悟。菩薩發阿耨多羅三藐三菩提心，則譯為「無上正真道意」。

# 《金剛頂瑜伽念珠經》

## 【內文提要】

經中主要在說明念珠的意義，及以各種不同材質、顆數念珠持誦的不同功德。

## ⊙經典原文

爾時，毘盧遮那世尊告金剛手言：「善哉！善哉！爲諸修眞言行菩薩者，說諸儀軌則，哀愍未來諸有情等，說念珠功德勝利，由聞如是妙意趣故，速證悉地。」

時，金剛薩埵菩薩白佛言：「唯然世尊，我今爲說之。」

爾時金剛薩埵菩薩而說偈言：「

珠表菩薩之勝果，於中間絕爲斷漏，繩線貫串表觀音，母珠以表無量壽，

愼莫驀過越法罪，皆由念珠積功德，硨渠念珠一倍福，木患念珠兩倍福，

以鐵爲珠三倍福，熟銅作珠四倍福，水精眞珠及諸寶，此等念珠百倍福，
千倍功德帝釋子，金剛子珠俱胝福，蓮子念珠千俱胝，菩提子珠無數福。
佛部念誦菩提子，金剛部法金剛子，寶部念誦以諸寶，蓮花部珠用蓮子，
羯磨部中爲念珠，眾珠間雜應貫串，念珠分別有四種，上品最勝及中下，
一千八十以爲上，一百八珠爲最勝，五十四珠以爲中，二十七珠爲下類，
二手持珠當心上，靜慮離念心專注，本尊瑜伽心一境，皆得成就理事法，
設安頂髻或挂身，或安頸上及安臂，所說言論成念誦，以此念誦淨三業[1]。
由安頂髻淨無間[2]，由帶頸上淨四重[3]，手持臂上除眾罪，能令行人速清淨，
若修眞言陀羅尼，念諸如來菩薩名，當獲無量勝功德，所求勝願皆成就。」

加持念珠貫串之法，一如蘇悉地經說，其瑜伽經但說其功能理趣，不說相應知。

❶三業：指身（身體）、口（語言）、意（心念）、三種行業，是造成人類生命造業的主體。

❷無間：在此指五種無間業，即：殺母、殺父、殺阿羅漢、破和合僧、出佛身血等五逆罪。這五種罪業能招感無間地獄之苦果，所以又稱五無間業。無間地獄即阿鼻地獄，又稱為五無間獄，法界有情眾生隨所造業，墮此地獄，受苦報無有間斷。五無間是指(1)時無間，(2)形無間，(3)受苦無間，(4)趣果無間，(5)命無間。

❸四重：指四重罪，四重罪即殺生、偷盜、邪淫、妄語。

# 《蘇婆呼童子請問經》除障分品（節錄）

## 【內文提要】

經中敘述以不同的數珠攝心專心持誦的方法。

## ◎經典原文

復次，蘇婆呼童子，念誦人若起一念貪、瞋、癡等一切煩惱，與心相合者，名爲生死煩惱，若除此心即得清淨，諸佛常讚是法，名爲解脫，譬如淨水必無垢穢，以應坌故令水渾濁，性本元淨，以客塵❶煩惱渾心令濁，眞性不現。

若欲令不亂濁者，當取數珠，念誦人守心一境。數珠有多種，謂活兒子、蓮華子、阿嚧陀囉阿叉子、水精、赤銅、錫、木患、琉璃、金銀、鑌鐵、商佉❷。

任取一色以爲數珠，虔心執持數珠已念誦，或用右手或左手，應念眞言。

專心誦持勿令錯亂，繫心於本尊，或思眞言並手印等，由如入定心勿散亂，調伏諸根端坐尊前，觀想成已，微動兩脣，念持眞言。

人心逸盪由如風電，獼猴擲樹，海波潮浪，諂曲自在，耽著諸境，是故應須攝心不動，持誦眞言。

若心疲倦，惛沈眠睡，心悶迷錯者，應起經行，或觀四方，或水灑面令得醒悟，或經行之次無故憶本師僧，或憶舊亡父母，或憶同學，或想婬心即動不定，念誦之人即責身心：「是身無主，由業流轉一切諸趣，無所依止，捨此身後，復受餘形，善惡業因由斯不絕，生、老、病、死、憂、悲、苦、惱，愛別離苦，求不得苦，怨憎會苦，五盛陰苦，隨所至方，終不得免。蚊虻蚤虱，蛇蠍辟宮，寒熱飢渴，如是等苦，處處皆有，諸天共同，無逃避路，心欲退轉擬向餘方者，以斯觀門將爲對治。

若貪恚盛者，修白骨觀及膖脹爛壞諸不淨觀，若瞋火盛作慈悲觀，若無明盛作緣生觀，有時怨家翻爲善友，有時親友翻爲怨家，以平等心，若欲往者，平等復變以爲怨家，觀此親友皆不定相，智者不應妄起戀者中間心。欲往親友時，以斯法門應須對治。

欲念誦時及行住臥，畢不得與外道、婆羅門、刹利、毘舍、首陀，並黃門、童男、童女、處女、寡婦等共相談論。

法事畢已，若欲語時，然後共伴侶談論善法，若餘雜語者，皆是魔之得便，非是正論。若㖒唾時，當須遠棄。棄已便應澡豆⑤漱其口，若大小便易並須澡浴，所獻香花然燈供養，禮拜佛，日夜六時讚歎三寶，常生謙下，一切眾生興發悲意，作救苦之心，如上精勤念誦所修功德，皆應迴向無上菩提。譬如眾流歸趣大海，入彼海已便爲一味，迴向菩提亦復如是，一切功德合集共成佛果。譬如有人耕田種稻，唯求子實不望藁幹，子實成熟收獲子已，藁幹不求而自然得，行者欲獲菩提種子功德，不爲世樂求無上菩提以喻其實，諸餘世樂，況喻草幹不求自獲世樂者。」

①客塵：梵語 akasmāt-kleśa，又稱作客塵煩惱，就是指煩惱之義，這是相對於「自性清淨」一詞而說。所謂煩惱，本非心性固有之物，乃是因迷妄而起，所稱為

「客」；又因煩惱能遮障我們的心性，猶如塵埃之蒙蔽萬物，所以稱之為「塵」。

②商佉：梵語 śaṅkha，意譯螺、貝、珂。海底軟體動物之腹足類，是體外具螺殼者的總稱。

③澡豆：澡豆是洗滌身體、衣服等污穢所用的豆粉，為比丘生活中所用十八物之一。澡豆是由大豆、小豆、摩沙豆、豌豆、迦提婆羅草、梨頻陀子等磨粉而成。比丘於齋食之後，以澡豆淨手，方可執取經卷，可以說是古代的肥皂。

# 《藥師如來觀行儀軌法》（節錄）

## 【內文提要】

經中首先說明恭敬頂戴念珠之法，以及念誦、發心的方法。

## ⊙經典原文

佛部淨珠眞言曰：

唵（一）過部羯弭惹曳（二句）悉睇悉馱剌梯（三句）莎（去二合）嚩訶（四句）

以右手大指捻無名指頭，直舒中指，小指微屈，以頭指押中指上節側，左手亦然。復以左手執金剛杵，右手把數珠口，啓白云：「我今（某甲）頂戴恭敬一切般若波羅蜜多無邊法藏恆沙萬法，今後十方一切諸佛，敬受此法。」說是語已，即舉兩手頂戴恭敬，如是作法名頂戴恭敬受持之法。

佛部持珠眞言曰：

唵（同上呼一句）那謨皤伽（上）嚩底（二）悉睇（三）娑（去）馱野（四）悉馱剌梯（五）莎嚩訶（六）

用前珠印，各依部中，而念誦之，念誦之時，珠置當心，不得高下，捧數珠時，微小低頭，以至誠心，頂禮三寶。

次禮八大菩薩，次禮明王眷屬（想眞言王如對目前）。正念誦時，若有謦咳、昏沈、廢忘眞言，即起就水作灑淨法，即取蓮子念珠安於手中，兩手捧珠合掌，如未敷蓮華形，以千轉念珠眞言加持七遍。眞言曰：

唵（一）嚩日囉（二合）獄呬耶（二合）惹（自攞反引）跛（二）三（去）麼曳（引三）吽

加持已，即捧珠頂戴，心發是願，願一切有情，所求世間、出世間殊勝大願，速得成就，念誦百八遍，當心以二手，各聚五指如未敷蓮華，左手持珠，以右手大指名指移珠，誦眞言一遍，與莎賀（引）字聲齊移一珠。

念珠聲不緩不急，不高不下，不應出聲，稱呼眞言字，令一一分明，心觀此三摩地所成淨土，及前所請來某甲佛相好圓滿，在於壇中，如是觀行了了分明，專注念誦，不令間斷，遠離散動。

一座念誦，或百或千，若不滿一百八遍，則不充祈願遍數。

某甲如來加持故，則身心清淨，乃至開目閉目，常見某甲如來，則於定中聞説甚深妙法，於一一字一一句，悟無量三摩地門、無量陀羅尼門、無量解脫門。此身等同某甲菩薩，速能至於彼國，念誦數畢，捧珠頂戴發如是願言：「願一切有情，得生某甲世界見佛，聞法速證無上正等菩提。」

次結定印，則觀身中菩提心，皎潔圓明猶如滿月，復作思惟：「菩提心體離一切物，離蘊、界、處[1]及離能取、所取，法無我故，一相平等，心本不生自性空故，即於圓滿清淨月輪上想紇哩(二合入引)字門，從字流出無量光明，於一一光明，道觀成某甲世界聖眾，圍繞某甲佛，廣如本部經。

如是念誦修習三摩地已，欲出道場則結本尊印，誦根本陀羅尼七遍，以印頂上散，即誦讚歎：

「現前諸如來，救世諸菩薩，
不斷大乘教，到殊勝位者，
唯願聖天眾，決定證知我！」

則結普供養印，誦廣大不空摩尼供養眞言。

❶蘊處界：是五蘊、十二處、十八界的略稱。

五蘊是指色（色身）、受（感受）、想（思想）、行（心行）、識（意識）等五種生命身心的眾相等。

十二處是眼、耳、鼻、舌、身、意六根作用的主體，對應色（色相）、聲（聲音）、香（香氣）、味（味道）、觸（觸感）、法（諸法）六塵，這六種外在的現象，稱為十二處。

十八界是六根對應六塵即眼、耳、鼻、舌、身、意等六根（能發生認識之功能），及其所對之色、聲、香、味、觸、法等六境（為認識之對象），以及感官（六根）緣對境（六境）所生之眼、耳、鼻、舌、身、意等六識，合為十八種，稱為十八界。

# 《大方廣菩薩藏文殊師利根本儀軌經》數珠儀則品

## 【內文提要】

經中主要說明製作數珠的儀則，其中包括數珠的採集及製作方法。在樹上不同部位所採集的珠子也具有不同之效用。

## ⊙經典原文

爾時世尊釋迦牟尼，觀察諸淨光天眾，告妙吉祥童子言「妙吉祥！汝今諦聽：明眞行修行行人，爲一切有情持誦眞言，及諸經法平等成就法，數珠儀則一切眞言，汝當諦聽深心諦受。」

爾時妙吉祥童子聞是說已，白世尊言：「善哉！世尊，願爲說彼一切眞言行，當令諸修行人及一切有情，聞如是已，皆悉能令獲得三昧。」

爾時世尊告妙吉祥童子言：「妙吉祥，諦聽！諦聽！我今爲汝分別廣說，所有一切樂眞言行諸有情等，若能清淨受持，一心專精，於一切義皆得成就。我今說最初眞言曰：

曩莫三滿哆沒馱（引）喃（引）阿進怛野（二合引）訥部（二合）哆嚕閉赧（引）怛儞也（二合）他（引）唵（引）俱嚕俱嚕薩哩（馱）（二合引）囉他（二合引）娑（引）馱野娑馱野薩哩嚩（二合）努瑟吒（二合）尾謨（引）賀儞誐誐曩（引）末羅濕吠（二合）尾戍（引）馱野娑嚩（二合引）賀（引）

此眞言若有行人，凡欲造作數珠，一切諸事所求清淨，至於鑽磨貫穿種種受持，凡所作事皆悉成就。初睹珠樹將欲收取，先當加持彼樹及擁護自身，須專注誠心念此眞言三十七遍，然於樹下眠宿一夜，以求前相善惡之應，彼人若於夢中，見彼非人現醜惡相，彼持課人如實知已，復更日日於晨朝時，往樹下瞻覩，或更不見彼欲所採之珠，此者乃是大不吉相，彼持課人速當遠離彼樹，往詣別處求吉祥樹。

珠樹數種，第一金剛子，第二印捺囉子，第三菩提子，第四患子，及別樹等子具足者。若得此等諸子樹已，當先使同行人上樹，若無同行人，當自上樹選最上枝有子具足者，念前眞言加持之。彼上樹人每上樹時，心不迷倒，乃至身及杪枝，直至收得其子，此爲最上珠，我說此珠爲最上用，得最上法成就。若至中枝獲中等珠，得中法成就，若至下枝獲下珠者，當成就最下果報。

其子若瘦屑，及有蟲蝕皆不堪用，若得西枝子爲珠者，得法成就當獲財富，若得北枝子爲珠者，當得聖賢愛重，夜叉❶及一切部多皆悉降伏，至於天人❷乃至乾闥婆❸、緊那羅❹、羅刹❺等皆悉降伏。若依儀軌作諸事業，一切正事皆得增益，復得一切成就所求皆得。若得東枝復見彼枝有果見在，若得彼子爲珠者，凡所修行持課行人得持明成就，作種種事皆得圓滿，專心受持亦獲長壽。

若得南枝長而無葉，彼雖有子不可爲珠，若爲珠者害眾生命，故彼持課人當一心遠離。彼南枝若不長及有葉，彼或有子堪爲珠者，彼持課人亦須捨離。何以故？猶能殺冤家故，若捨而不取，乃獲福無量。若得下枝長而下指乃至入地，彼枝有子得爲珠者，彼持課人當依儀軌專注受持，念誦者凡是地中山間，所有空窟有修羅❻住處，是持課人皆悉能入，與修羅男女同住於修羅宮中，經於一劫受最上快樂。

初於樹上得珠子已，下樹之時，彼持課人誦前眞言而作擁護，當求清淨之處次第成作，或自或他隨心所欲，隨彼遠近樂住之處或恒住處，將欲辨造，宜先一一清潔身心專注，然執取珠子鑽持磨瑩，一一逐件各念眞言，或三遍或五遍或二十一遍，誦眞言已，智者說言，今爲某事一一言述，咒願畢已，乃得珠體清淨，復令童女合線，而用五色絲合色如花鬘，或三合或五合，隨珠所受當須緊合，智者選子切須勻好，不得朽損及與缺減，並須圓滿仍細爲上，彼菩提子、金剛子、印捺羅子、患子等，及用別子，一一揀選殊妙上等，彼持課上要當一心，專注成辦，此外或用金、銀、眞珠、水精、硨磲、碼瑙，及以珊瑚種種諸寶，或用最上摩尼寶等，必須圓滿肥潤，勿令缺減。凡貫穿時，攝心專注，不得散亂，珠成之後，所有求願疾得靈應。若無前來諸色樹子珍寶等物，祇用吉祥草結作亦得。

珠數不定，亦有三品，上品一百八，中品五十四，下品二十七。別有最上品，當用一千八十爲數，復有用金、銀、銅、鐵、鍮、石、鉛、錫等鑄，或一種二種三種鑄成，唯求堅牢圓滿，勿令缺減，仍須光明瑩淨如寶瓔珞，凡持課人當須持戒清淨，然更就長流河水，及別淨水清淨澡浴竟，然將數珠先以淨土揩摩後用水洗，然後復用五香水洗，復以上妙塗香及上色白栴檀香，及恭俱摩等香水摩拭竟。

彼持課行人將此珠就詣佛像處，其佛像或塑或畫，當求最上嚴飾第一等像釋迦牟尼佛人天之師，依於佛言結其地界安置佛像，於彼佛前端身正坐，一心專注誦專言一千八十遍，或一百八遍。以兩手捧奉上本師釋迦牟尼佛。奉獻佛竟，秪於佛前安置此珠，放此珠時如圓壇相，或如盤相、纏相，彼持課行人至夜，秪於佛前地上，布草眠宿以求前相。若於夢中得見佛及辟支佛、聲聞等相，彼人所求決定成就，若見童子，及見幼小童子種種相貌，復得施獻數珠，彼持課人於陀羅尼得一切成就，或別見善相而於所求一切易得。

❶夜叉：夜叉，梵文 yakṣa，又作藥叉，意譯為捷疾、威德等。即止住地上或空中，以威勢惱害人類、飲人精氣，或是守護正法的鬼類。惱害人之夜叉，經常變化作種種形貌，如師子、大象等等形貌，或化作頭很大身體很瘦小，或是青赤色的外形，或是只有腹赤，有時一頭兩面、三面、四面

等，身上長滿粗毛，頭髮直豎，如師子毛一般，或是一身二個頭，或是斷頭，或是只有一目，牙呈鋸齒突出，或是粗脣下垂……等等怪異形貌，使人非常怖畏。

❷天人：天，梵語 deva，音譯為提婆。意譯為天界、天道等。是指六道之中的天道。天道的特色為身相光明莊嚴，五欲受用快樂非人間所能想像，壽命也比人間長久，如四天王天的天人壽命為五百歲，相當於人間九百萬歲。天界眾生所居住的處所，可分為欲界、色界、無色界，而欲界有六天，色界有四靜慮處十七天，無色界有四處，共是三界二十七天。

❸乾闥婆：乾闥婆，梵文 gandharva，又作犍闥婆、乾沓婆等。意譯為食香、尋香等。

乾闥婆在印度神話中，原來是半神半人的天上樂師，是帝釋天屬下職司雅樂的天神。此神經常住在地上的寶山之中，有時昇至忉利天演奏天樂，善於彈琴，演奏種種奇妙的雅樂。乾闥婆是東方持國天的眷屬，為守護東方的神，有眾多眷屬。其同時也是觀音二十八部眾之一。

在《補陀落海會軌》記載乾闥婆的形象：頂上有八角冠，身相為赤肉色，身如大牛王，左手執簫笛，右手持寶劍，具有大威力相，髮髻有焰鬘冠。

印度人將幻現於空中之樓閣山川（即海市蜃樓），稱為乾闥婆城。佛經中也常用乾闥婆城來形容諸法的如幻如化。

④緊那羅：緊那羅，梵名 Kimnara，又作「緊那羅」、「真陀羅」。意譯「人非人」、「疑神」，又譯「歌神」、「樂神」。諸天在舉行法會時，經常由緊那羅擔任音樂演奏。緊那羅又作「疑神」，這是由於他們頭上長了角，似人非人，似天非天，令人疑惑不定，故名為疑神。

緊那羅有美妙的音聲，又能作歌舞，男性緊那羅馬首人身，善於歌唱，而女性則面貌端正秀麗，能作妙舞，常與乾闥婆天為妻室。

在經典中經常可以看見緊那羅演奏美妙的音樂，莊嚴道場。

⑤羅剎：羅剎，梵名 raksasa，又稱作羅剎娑、邏剎娑、羅叉娑、羅乞察娑、阿落剎娑。意譯作可畏、護者、速疾鬼，是指吃食人肉的惡鬼，屬於四天王所率領的八部眾之一。在《觀佛三昧海經》卷二〈觀相品〉中曾描述夜叉的相貌：

「諸羅剎王背黑如漆，胸白如月，眼如盛火，頭髮蓬亂如縛刺束，狗牙上出狀如鏘劍，手十指爪利如鋒芒，腳有十爪縱橫如劍，以鐵羂頭疾走而至。」而女的羅剎稱為羅剎斯（rakṣasi），或作羅叉私。

⑥修羅：即是阿修羅，梵名 asrua，又作阿素羅、阿素洛等。意譯為非天、不端正等，略稱為「修羅」。阿修羅原來是印度最古老的惡神之一，與帝釋天率領之天族敵對。在佛教中，則與乾闥婆、緊那羅等同為天龍八部眾，守護佛法。而修羅可分為二種：⑴鬼道所攝的修羅，即魔身餓鬼，具有神通力；⑵畜生道所攝的修羅，住在大海底須彌山側。另也可依胎生、卵生、濕生、化生四生而分四種阿修羅。

# 全佛文化圖書出版目錄

## 佛教小百科系列

- □ 佛菩薩的圖像解說1-總論•佛部 320
- □ 佛菩薩的圖像解說2-菩薩部•觀音部•明王部 280
- □ 密教曼荼羅圖典1-總論•別尊•西藏 240
- □ 密教曼荼羅圖典2-胎藏界上 300
- □ 密教曼荼羅圖典2-胎藏界中 350
- □ 密教曼荼羅圖典2-胎藏界下 420
- □ 密教曼荼羅圖典3-金剛界上 260
- □ 密教曼荼羅圖典3-金剛界下 260
- □ 佛教的真言咒語 330
- □ 天龍八部 350
- □ 觀音寶典 320
- □ 財寶本尊與財神 350
- □ 消災增福本尊 320
- □ 長壽延命本尊 280
- □ 智慧才辯本尊 290
- □ 令具威德懷愛本尊 280
- □ 佛教的手印 290
- □ 密教的修法手印-上 350
- □ 密教的修法手印-下 390
- □ 簡易學梵字(基礎篇)-附CD 250
- □ 簡易學梵字(進階篇)-附CD 300
- □ 佛教的法器 290
- □ 佛教的持物 330
- □ 佛教的塔婆 290
- □ 中國的佛塔-上 240
- □ 中國的佛塔-下 240
- □ 西藏著名的寺院與佛塔 330
- □ 佛教的動物-上 220
- □ 佛教的動物-下 220
- □ 佛教的植物-上 220
- □ 佛教的植物-下 220
- □ 佛教的蓮花 260
- □ 佛教的香與香器 280
- □ 佛教的神通 290
- □ 神通的原理與修持 280
- □ 神通感應錄 250
- □ 佛教的念珠 220
- □ 佛教的宗派 295
- □ 佛教的重要經典 290
- □ 佛教的重要名詞解說 380
- □ 佛教的節慶 260
- □ 佛教的護法神 320
- □ 佛教的宇宙觀 260
- □ 佛教的精靈鬼怪 280
- □ 密宗重要名詞解說 290
- □ 禪宗的重要名詞解說-上 360
- □ 禪宗的重要名詞解說-下 290
- □ 佛教的聖地-印度篇 200

## 佛菩薩經典系列

- □ 阿彌陀佛經典 350
- □ 藥師佛•阿閦佛經典 220
- □ 普賢菩薩經典 180
- □ 文殊菩薩經典 260
- □ 觀音菩薩經典 220
- □ 地藏菩薩經典 260
- □ 彌勒菩薩•常啼菩薩經典 250
- □ 維摩詰菩薩經典 250
- □ 虛空藏菩薩經典 350
- □ 無盡意菩薩•無所有菩薩經典 260

## 佛法常行經典系列

- □ 妙法蓮華經 260
- □ 悲華經 260
- □ 大乘本生心地觀經•勝鬘經•如來藏經 200

□ 小品般若波羅密經 220
□ 金光明經•金光明最勝王經 280
□ 楞伽經•入楞伽經 360
□ 楞嚴經 200
□ 解深密經•大乘密嚴經 200
□ 大日經 220
□ 金剛頂經•金剛頂瑜伽念誦經 200

## 三昧禪法經典系列

□ 念佛三昧經典 260
□ 般舟三昧經典 220
□ 觀佛三昧經典 220
□ 如幻三昧經典 250
□ 月燈三昧經典(三昧王經典) 260
□ 寶如來三昧經典 250
□ 如來智印三昧經典 180
□ 法華三昧經典 260
□ 坐禪三昧經典 250
□ 修行道地經典 250

## 修行道地經典系列

□ 大方廣佛華嚴經(10冊) 1600
□ 長阿含經(4冊) 600
□ 增一阿含經(7冊) 1050
□ 中阿含經(8冊) 1200
□ 雜阿含經(8冊) 1200

## 佛經修持法系列

□ 如何修持心經 200
□ 如何修持金剛經 260
□ 如何修持阿彌陀經 200
□ 如何修持藥師經-附CD 280
□ 如何修持大悲心陀羅尼經 220
□ 如何修持阿閦佛國經 200
□ 如何修持華嚴經 290
□ 如何修持圓覺經 220
□ 如何修持法華經 220
□ 如何修持楞嚴經 220

## 守護佛菩薩系列

□ 釋迦牟尼佛-人間守護主 240
□ 阿彌陀佛-平安吉祥 240
□ 藥師佛-消災延壽(附CD) 260
□ 大日如來-密教之主 250
□ 觀音菩薩-大悲守護主(附CD) 280
□ 文殊菩薩-智慧之主(附CD) 280
□ 普賢菩薩-廣大行願守護主 250
□ 地藏菩薩-大願守護主 250
□ 彌勒菩薩-慈心喜樂守護主 220
□ 大勢至菩薩-大力守護主 220
□ 準提菩薩-滿願守護主(附CD) 260
□ 不動明王-除障守護主 220
□ 虛空藏菩薩-福德大智守護(附CD) 260
□ 毘沙門天王-護世財寶之主(附CD) 280

## 輕鬆學佛法系列

□ 遇見佛陀-影響百億人的生命導師 200
□ 如何成為佛陀的學生-皈依與受戒 200
□ 佛陀的第一堂課-四聖諦與八正道 200
□ 業力與因果-佛陀教你如何掌握自己的命運 220

## 洪老師禪座教室系列

- ☐ 靜坐-長春.長樂.長效的人生 200
- ☐ 放鬆(附CD) 250
- ☐ 妙定功-超越身心最佳功法(附CD) 260
- ☐ 妙定功VCD 295
- ☐ 睡夢-輕鬆入眠•夢中自在(附CD) 240
- ☐ 沒有敵者-強化身心免疫力的修鍊法(附CD) 280
- ☐ 夢瑜伽-夢中作主.夢中變身 260
- ☐ 如何培養定力-集中心靈的能量 200

## 禪生活系列

- ☐ 坐禪的原理與方法-坐禪之道 280
- ☐ 以禪養生-呼吸健康法 200
- ☐ 內觀禪法-生活中的禪道 290
- ☐ 禪宗的傳承與參禪方法-禪的世界 260
- ☐ 禪的開悟境界-禪心與禪機 240
- ☐ 禪宗奇才的千古絕唱-永嘉禪師的頓悟 260
- ☐ 禪師的生死藝術-生死禪 240
- ☐ 禪師的開悟故事-開悟禪 260
- ☐ 女禪師的開悟故事(上)-女人禪 220
- ☐ 女禪師的開悟故事(下)-女人禪 260
- ☐ 以禪療心-十六種禪心療法 260

## 密乘寶海系列

- ☐ 現觀中脈實相成就-開啟中脈實修秘法 290
- ☐ 智慧成就拙火瑜伽 330
- ☐ 蓮師大圓滿教授講記-藏密寧瑪派最高解脫法門 220
- ☐ 密宗的源流-密法內在傳承的密意 240
- ☐ 恆河大手印-傾瓶之灌的帝洛巴恆河大手印 240
- ☐ 岡波巴大手印-大手印導引顯明本體四瑜伽 390
- ☐ 大白傘蓋佛母-息災護佑行法(附CD) 295
- ☐ 密宗修行要旨-總攝密法的根本要義 430
- ☐ 密宗成佛心要-今生即身成佛的必備書 240
- ☐ 無死 超越生與死的無死瑜伽 200
- ☐ 孔雀明王行法-摧伏毒害煩惱 260
- ☐ 月輪觀•阿字觀-密教觀想法的重要基礎 350
- ☐ 穢積金剛-滅除一切不淨障礙 290
- ☐ 五輪塔觀-密教建立佛身的根本大法 290
- ☐ 密法總持-密意成就金法總集 650
- ☐ 密勒日巴大手印-雪山空谷的歌聲，開啟生命智慧之心 480

## 其他系列

- ☐ 入佛之門-佛法在現代的應用智慧 350
- ☐ 普賢法身之旅-2004美東弘法紀行 450
- ☐ 神通-佛教神通學大觀 590
- ☐ 認識日本佛教 360
- ☐ 華嚴經的女性成就者 480
- ☐ 準提法彙 200
- ☐ 地藏菩薩本願經與修持法 320
- ☐ 仁波切我有問題-一本關於空的見地、禪修與問答集 240
- ☐ 萬法唯心造-金剛經筆記 230
- ☐ 菩薩商主與卓越企業家 280
- ☐ 禪師的手段 280
- ☐ 覺貓悟語 280
- ☐ 蓮花生大士祈請文集 280

## 女佛陀系列

- ☐ 七優曇華-明末清初的女性禪師(上) 580
- ☐ 七優曇華-明末清初的女性禪師(下) 400

## 禪觀寶海系列

- □ 禪觀秘要 1200
- □ 通明禪禪觀-迅速證得六種神通與三種明達智慧的方法 290
- □ 首楞嚴三昧-降伏諸魔的大悲勇健三昧 420

## 高階禪觀系列

- □ 通明禪禪觀-迅速開啟六種神通的禪法 200
- □ 十種遍一切處禪觀-調練心念出生廣大威力的禪法 280
- □ 四諦十六行禪觀-佛陀初轉法輪的殊勝法門 350
- □ 三三昧禪觀-證入空、無相、無願三解脫門的禪法 260
- □ 大悲如幻三昧禪觀-修行一切菩薩三昧的根本 380
- □ 圓覺經二十五輪三昧禪觀-二十五種如來圓覺境界的禪法 400

## 虹彩光音系列

- □ 現觀中脈 250
- □ 草庵歌 250
- □ 阿彌陀佛心詩 250
- □ 觀世音·時空越 250
- □ 妙定功法 250
- □ 蓮師大圓滿 260
- □ 冥想·地球和平 心詩 280

## 光明導引系列

- □ 阿彌陀經臨終光明導引-臨終救度法 350
- □ 送行者之歌(附國台語雙CD) 480

## 淨土修持法

- □ 蓮花藏淨土與極樂世界 350
- □ 菩薩的淨土 390
- □ 諸佛的淨土 390
- □ 三時繫念佛事今譯

## 佛家經論導讀叢書系列

- □ 雜阿含經導讀-修訂版 450
- □ 異部宗論導讀 240
- □ 大乘成業論導讀 240
- □ 解深密經導讀 320
- □ 阿彌陀經導讀 320
- □ 唯識三十頌導讀-修訂版 520
- □ 唯識二十論導讀 300
- □ 小品般若經論對讀-上 400
- □ 小品般若經論對讀-下 420
- □ 金剛經導讀 270
- □ 心經導讀 160
- □ 中論導讀-上 420
- □ 中論導讀-下 380
- □ 楞伽經導讀 400
- □ 法華經導讀-上 220
- □ 法華經導讀-下 240
- □ 十地經導讀 350
- □ 大般涅槃經導讀-上 280
- □ 大般涅槃經導讀-下 280
- □ 維摩詰經導讀 220
- □ 菩提道次第略論導讀 450
- □ 密續部總建立廣釋 280
- □ 四法寶鬘導讀 200
- □ 因明入正理論導讀-上 240
- □ 因明入正理論導讀-下 200

## 離言叢書系列

- ☐ 解深密經密意 390
- ☐ 如來藏經密意 300
- ☐ 文殊師利二經密意 420
- ☐ 菩提心釋密意 230
- ☐ 龍樹讚歌集密意 490
- ☐ 智光莊嚴經密意 420
- ☐ 無邊莊嚴會密意 190
- ☐ 勝鬘師子吼經密意 340
- ☐ 龍樹二論密意 260
- ☐ 大乘密嚴經密意 360
- ☐ 大圓滿直指教授密意 290

## 談錫永作品系列

- ☐ 閒話密宗 200
- ☐ 西藏密宗占卜法-妙吉祥占卜法（組合） 790
- ☐ 細說輪迴生死書-上 200
- ☐ 細說輪迴生死書-下 200
- ☐ 西藏密宗百問-修訂版 210
- ☐ 觀世音與大悲咒-修訂版 190
- ☐ 佛家名相 220
- ☐ 密宗名相 220
- ☐ 佛家宗派 220
- ☐ 佛家經論-見修法鬘 180
- ☐ 生與死的禪法 260
- ☐ 細說如來藏 280
- ☐ 如來藏三談 300

## 大中觀系列

- ☐ 四重緣起深般若-增訂版 420
- ☐ 心經內義與究竟義-印度四大論師釋《心經》 350
- ☐ 聖入無分別總持經對堪及研究 390
- ☐ 《入楞伽經》梵本新譯 320
- ☐ 《寶性論》梵本新譯 320
- ☐ 如來藏論集 330
- ☐ 如來藏二諦見 360
- ☐ 聖妙吉祥真實名經梵本校譯 390
- ☐ 聖妙吉祥真實名經釋論三種 390
- ☐ 《辨中邊論釋》校疏 400

## 甯瑪派叢書-見部系列

- ☐ 九乘次第論集 380
- ☐ 甯瑪派四部宗義釋 480
- ☐ 辨法法性論及釋論兩種 480
- ☐ 決定寶燈 480
- ☐ 無修佛道 360
- ☐ 幻化網秘密藏續釋-光明藏 560
- ☐ 善說顯現喜宴-甯瑪派大圓滿教法 650
- ☐ 勝利天鼓雷音-金剛乘教法史 1040

## 甯瑪派叢書-修部系列

- ☐ 大圓滿心性休息導引 395
- ☐ 大圓滿前行及讚頌 380
- ☐ 幻化網秘密藏續 480
- ☐ 六中有自解脫導引 520

## 藏傳佛教叢書系列

- ☐ 章嘉國師(上)-若必多吉傳 260
- ☐ 章嘉國師(下)-若必多吉傳 260
- ☐ 紅史 360
- ☐ 蒙古佛教史 260
- ☐ 西藏生死導引書(上)-揭開生與死的真相 290
- ☐ 西藏生死導引書(下)-六種中陰的實修教授 220
- ☐ 西藏不分教派運動大師 390
- ☐ 西藏_上 360
- ☐ 西藏 下 450

## 頂果欽哲法王文選(雪謙)

- ☐ 修行百頌-在俗世修行的101個忠告 260
- ☐ 覺醒的勇氣-阿底峽之修心七要 220
- ☐ 如意寶-上師相應法
- ☐ 你可以更慈悲 菩薩37種修行之道 350
- ☐ 證悟者的心要寶藏-唵嘛呢唄美吽 280
- ☐ 成佛之道-殊勝證悟道前行法 250
- ☐ 明月-頂果欽哲法王自傳與訪談錄 650
- ☐ 明示甚深道-自生蓮花心髓前行釋論 300
- ☐ 頂果欽哲法王傳-西藏精神(百歲紀念版) 650

## 幸福地球系列

- ☐ 不丹的幸福密碼11-11-11 不丹人心目中的仁王，國家幸福力的創造者:四世國王 1111
- ☐ 幸福是什麼？- 不丹總理吉美・廷禮國家與個人幸福26講 380
- ☐ 冥想・地球和平 380
- ☐ 雷龍之吼-不丹王國生存奮鬥史 450
- ☐ 地球企業家之道-地球企業家的核心、願景與實踐 480
- ☐ 和解 250

## 格薩爾王傳奇系列

- ☐ 格薩爾王傳奇1-神子誕生 280
- ☐ 格薩爾王傳奇2-魔國大戰 260
- ☐ 格薩爾王傳奇3-奪寶奇謀 280
- ☐ 格薩爾王傳奇4-爭霸天下 290
- ☐ 格薩爾王傳奇5-萬王之王 280
- ☐ 格薩爾王傳奇6-地獄大圓滿 290

## 山月文化系列

- ☐ 西藏繪畫藝術欣賞-平裝本 480
- ☐ 西藏繪畫藝術欣賞-精裝本 680
- ☐ 西藏傳奇大師密勒日巴唐卡畫傳 580
- ☐ 密勒日巴唐卡畫傳(精裝經摺本) 890
- ☐ 西藏健身寶卷 390
- ☐ 達瓦，一隻不丹的流浪犬 240
- ☐ 西藏格薩爾圖像藝術欣賞-上 480
- ☐ 西藏格薩爾圖像藝術欣賞-下 480

## 特殊文化之旅系列

- ☐ 西藏吉祥密碼(上)-符號、顏色、動植物 260
- ☐ 西藏格薩爾說唱藝人 (附DVD) 350
- ☐ 西藏的節慶-拉薩篇 399
- ☐ 西藏吉祥密碼(下)-裝飾藝術、圖案、儀式 260
- ☐ 西藏民間樂器(附贈西藏傳統音樂CD) 350
- ☐ 西藏的節慶-各地采風篇 399

## 達賴喇嘛全傳

- ☐ 五世達賴-第一函-上 380
- ☐ 五世達賴-第一函-下 390
- ☐ 五世達賴-第二函-上 250
- ☐ 五世達賴-第二函-下 250
- ☐ 五世達賴-第三函-上 220
- ☐ 五世達賴-第三函-下 220
- ☐ 四世達賴-雲丹嘉措傳 220
- ☐ 三世達賴-索南嘉措傳 295
- ☐ 二世達賴-根敦嘉措傳 220
- ☐ 一世達賴-根敦珠巴傳 250

全套購書85折、單冊購書9折
(郵購請加掛號郵資60元)
全佛文化事業有限公司
新北市新店區民權路95號4樓之1
TEL:886-2-2913-2199
FAX:886-2-2913-3693
匯款帳號：3199717004240
合作金庫銀行大坪林分行
戶名：全佛文化事業有限公司
全佛文化網路書店www.buddhall.com

*本書目資訊與定價可能因書本再刷狀況而有變動，購書歡迎洽詢出版社。

佛教小百科37

# 《佛教的念珠》

主　編　洪啟嵩
執行編輯　彭婉甄、劉詠沛、吳霈媜
出　版　全佛文化事業有限公司
訂購專線：(02)2913-2199
傳真專線：(02)2913-3693
發行專線：(02)2219-0898
匯款帳號：3199717004240 合作金庫銀行大坪林分行
戶　名：全佛文化事業有限公司
E-mail:buddhall@ms7.hinet.net
http://www.buddhall.com
門　市　新北市新店區民權路108之3號10樓
門市專線：(02)2219-8189
行銷代理　紅螞蟻圖書有限公司
台北市內湖區舊宗路二段121巷19號（紅螞蟻資訊大樓）
電話：(02)2795-3656
傳真：(02)2795-4100
初　版　二〇〇三年二月
初版四刷　二〇一九年六月
定　價　新台幣二二〇元
ISBN　978-957-2031-26-1（平裝）


國家圖書館出版品預行編目資料

佛教的念珠／洪啟嵩 主編
-- 初版.--新北市：全佛文化, 2003[民92]
面；　公分. －(佛教小百科；37)

ISBN 978-957-2031-26-1(平裝)

1.念珠
224.7　　92002219

Published by BuddhAll Cultural Enterprise Co.,Ltd.

BuddhAll

BuddhAll.

All is Buddha.

BuddhAll